道可道，非常道；名可名，非常名。

中国古代哲学论著专题研究

韩鹏杰　李娟　韩柳◎著

西安交通大学出版社
XI'AN JIAOTONG UNIVERSITY PRESS

内容简介

中国古代哲学历史悠久，著作浩如烟海，思想博大精深，初学者往往不知从何处入手。本书编写的主旨即是提纲挈领地阐述中国古代哲学思想的精髓，使初学者对于中国古代哲学思想有大致的了解，为今后的深入学习和研究打下基础。

本书的内容基本涵盖了中国古代社会全部的哲学思想精华，即从前秦至于明末清初。全书分为六编，分别是：先秦哲学论著的理性精神、汉代哲学论著和无神论哲学发展、魏晋南北朝哲学论著及玄学发展、隋唐哲学论著及佛学发展、宋代哲学论著及理学发展、明清哲学论著及启蒙哲学发展。中国古代哲学的代表性著作，上迄《周易》，下至顾炎武的《日知录》全部包含在本书中。

本书可作为普通高等院校文科专业学生的通识课教材，亦可以作为中国古代哲学思想初学者的参考用书。

图书在版编目(CIP)数据

中国古代哲学论著专题研究/韩鹏杰等著. —西安：西安交通大学出版社，2013.8
ISBN 978-7-5605-5092-3

Ⅰ.①中… Ⅱ.①韩… Ⅲ.①古代哲学-研究-中国
Ⅳ.①B21

中国版本图书馆 CIP 数据核字(2013)第 054466 号

书　　名　中国古代哲学论著专题研究
著　　者　韩鹏杰　李娟　韩柳
责任编辑　赵怀瀛

出版发行　西安交通大学出版社
（西安市兴庆南路 10 号　邮政编码 710049）
网　　址　http://www.xjtupress.com
电　　话　(029)82668357　82667874(发行中心)
(029)82668315　82669096(总编办)
传　　真　(029)82668280
印　　刷　西安明瑞印务有限公司

开　　本　727mm×960mm　1/16　**印张** 12　**字数** 198 千字
版次印次　2013 年 8 月第 1 版　2013 年 8 月第 1 次印刷
书　　号　ISBN 978-7-5605-5092-3/B·37
定　　价　26.00 元

读者购书、书店添货、如发现印装质量问题，请与本社发行中心联系、调换。
订购热线：(029)82665248　(029)82665249
投稿热线：(029)82668133
读者信箱：xj_rwjg@126.com

序 言

返本才能开新，这个“本”是指本源，也是指文本。本著作正是秉承这样的宗旨，立足哲学经典本身发掘其价值和意义。

本著作从经典论著中较好地发掘了中国史学的人文精神与民族道德精神，具有哲学思想的深刻性及概念分析的确定性和严谨性。经典所表达的内容具有重要的思想价值或历史影响，本著作力求平实地按照中国哲学文献所蕴涵的思想实际来展开，努力抓住经典原著中的核心问题，实事求是地陈述中国哲学的历史。

全书对中国哲学史研究存在的在三种需要改进的状况来建构：第一个方面，立足于经典原著研究其核心思想，从中凝练传统的哲学精神；第二个方面，阐释和理解经典原著的核心思想对主流哲学思潮发展的影响；第三个方面，研究经典核心思想在哲学史上的评价和意义。

全书贵精不贵全，力图以小见大，从一斑以求窥得全豹。

作 者

2013 年 4 月

目录 Contents

第一编　先秦哲学论著的理性精神

第二编　汉代哲学论著和无神论哲学发展

第三编　魏晋南北朝哲学论著及玄学发展

第四编　隋唐哲学论著及佛学发展

第五编　宋代哲学论著及理学发展

第六编　明清哲学论著及启蒙哲学发展

第一编

先秦哲学论著的理性精神

第一章

《易经》和中国哲学

易经》是中国文化之源和众经之首，在中国哲学发展史上具有开山之地位。从伏羲画八卦到周文王演易，重八卦为四六十四卦，到孔子选《易》假我以数年。

孔子以十翼——《系辞传》《象传》《象传》《文言》《说卦》《序卦》《杂卦》来解释《易经》，更凸显了其哲学，接下来的两汉象数学，魏晋义理学，宋元明的易数图学也都体现了当时的哲学风貌。

一般人都认为《周易》是天书，神秘奥妙，深不可测。其实，它是经历了漫长时间，由那些勤于观察、善于思考的智者先贤在生活实践中探索出来的。只要我们本着实事求是的科学态度来研究《周易》，就可以把握《周易》基本框架、内容特色及其精神实质，也可以科学客观地评价这部中国“文化之源、众经之首”的著作对中国哲学与文化的深远影响。

第一节　《周易》概述

一、概述

《周易》一书分“经”和“传”两大部分。“经”包括六十四卦，三百八十四爻，以及解释六十四卦和解释三百八十四爻的爻辞。“传”是对经的解释，包括彖辞上下、象辞上下、系辞上下、文言、说卦、序卦、杂卦，共十个部分，通称“十翼”，又称为《大传》。《易传》对《易经》的义理、象数以及卜筮作了详细的解释。一般认为，《易经》形成于西周前期，《易传》形成于战国后期，从《易经》到《易传》的历史发展长达七八百年之久。

从形式上看，《周易》可分为符号（八卦、六十四卦）与文字（卦辞、爻辞）两部分。卦画本身没有表现出确定的意义，要理解其中蕴含着的深刻思想，需要借助卦、爻辞的文字说明，但卦画卜筮、卦位爻位作为易象，则代表着宇宙间一切事物，是对客观事物的区分和认识。爻象所代表的“阴”和“阳”，是对宇宙间各种纷繁复杂事物的高度抽象。卦画变化总是与客观事物的变化相联系的。《系辞传》说："易者，象也。""吉凶者，失得之象也；悔方者，忧虞之象也；变化者，进退之象也；刚柔者，昼夜之象也。"符号系统和语言系统相互依存，缺一不可。

从内容上看，《周易》包括辞、变、象、占四个方面，又可概括为义理、象数两大部分。义理与象数的统一是《周易》的显著特征。义理寓于象数之中，离开象数就不能深刻地理解义理。反之，只论象数，不重义理，就无法了解《周易》的真正内涵。

易卦是《周易》的重要组成部分，而组成易卦的最基本单元是爻。爻的符号是"— —"、"——"，象征阴阳两类事物。"——"代表阳、刚、积极、君、奇数等。易卦中"——"用奇数一、三、七、九中最大的九表示，称"九"；符号"— —"代表阴、柔、消极、臣、弱、依附的事物与性格，用偶数二、四、六、八、十的六代表。四象、八卦、六十四卦，变化多端，其根源不过是"— —"与"——"两种符号的排列组合。

"— —"与"——"两种符号相互重叠构成卦画，卦有八卦、六十四卦。就卦形成顺序而言，八卦的三画卦产生在先，六十四卦的六画卦产生在后，先有八卦，再由八卦"因而重之"产生六十四卦。

八卦为经卦，由三个爻画构成，分别为☰（乾）、☷（坤）、☳（震）、☴（巽）、☵（坎）、☲（离）、☶（艮）、☱（兑）。这八种卦画代表天、地、雷、风、水、火、山、泽八种不同类

型的自然现象。八卦再自叠或互叠而构成六十四卦；由八卦"因而重之"出的六十四卦也称别卦。

在《周易》六十四卦中，每卦六爻都各有其象，各有其位。爻位由卦的最下一爻或称第一爻往上数，依次为初、二、三、四、五、上六个位次。在六十四卦中，初、二两爻象地，人立地之上面，故二爻为地位；三、四爻象人，人生存在地上，故三爻为人位；五、上两爻象天，人生存在天的下面，故五、上爻为天位。这种天、地、人爻位的区分是以人为中心而得出的一种直观的、经验的结论。易卦六卦中，一、三、五为奇为阳，凡一、三、五爻位为阳爻则皆为正位或得位。阳爻居于阴位，或阴爻居于阳位，皆不为当位或叫失位。当位为吉利之象，不当位为不吉利之象。古人还将爻位直接赋予贵贱之名，如初爻为元士，二爻为大夫，三爻为大公，四爻为诸侯，五爻为天子，上爻为宗庙。初九、九五为圣人，初六、六四、上六为小人，九三为君子，九二为庸人，九四为恶人。古人正是依照这种爻位模式，来推演解释事物的吉凶好坏。而这也正是当时社会不平等现象的反映。

《周易》的最大特点和最神秘之处，在于它用筮与卦来表达思想。或者说，是用

象数表达思想。

我国历史上传说曾有三《易》:《连山》、《归藏》、《周易》。《连山易》是夏代的易,《归藏易》是商朝的易,《周易》是西周的易,后前两《易》散失,现仅存《周易》。《易》原本是卜筮之书,作《易》的目的乃是“以神道设教”。古人认为可以以卜筮定吉凶,将吉凶用卦象喻示出来,让人感到卦爻所言不是没有根据的,而是神的旨意。

关于易卦的产生,《系辞传·下》说:“古者包牺氏之王天下也,仰则观象于天,俯则观法于地,观鸟兽之文与地之宜,近取诸身,远取之物,于是始作八卦,以通神明之德,以类万物之情。”这段话说明,八卦的卦象是人们对世界认识抽象化的结果,是一种思维的抽象。易卦是由“⚋”、“⚊”两个基本符号排列组合而成的。古人就是依据这些符号卦象,来概括说明天理人事和占卦休咎。

人们所面对的世界千差万别、千变万化,要从思想上把握复杂的世界,只能借助于思维抽象,运用概念进行思维。概念是思维的细胞,既可用语言文字表达,也可以用其他的符号表示。在《易经》中,古人是用“⚋”、“⚊”这两个符号表达概念的。“⚋”、“⚊”符号具有最大的抽象性和灵活性。只有这样,才能适应一切事物,一切时变,从而道出天下后世无穷无尽的前因后果及其基本规律。根据通行说法和《周易》系辞的解释,“⚋”、“⚊”符号表示阴阳。当人们创造这两个符号时,头脑中就已经有了阴阳概念。而当人们运用这两个符号构成四象、八卦、六十四卦时,阴阳概念就更加明确,并运用它进行占卜或思维。在《易》中卦画分阴阳,爻位为阴阳,一动一静,一奇一偶,一辟一阖无不分阴阳。阴阳是“易经”最高范畴,“一阴一阳之谓道”,阴阳变化之道成为万事万物的准则。

阴阳概念是从各种具体事物抽象出来的,因而具有普遍性的指导意义。根据阴阳概念,《易》“立天立地”、“通志”、“定业”、“断疑”。《系辞传》说:“夫《易》何为者也?夫《易》开物成务,冒天下之道,如斯而已者也。是故圣人以通天下之志,以定天下之业,以断天下之疑。”这段话说明《易》能够提出前人没有认识到的问题,能够将前人知识丰富提高,使之抽象成为更高的理论。正因为如此,《易》是最为普遍、最为抽象的理论。

由于《周易》是用卦爻符号表达思想,从《周易》的演绎发展中,《周易》画八卦以摄万有,设阴阳为变化之母;八八六十四卦通天下之志,定天下之业,断天下之疑,可谓博大精深,辉煌至极。千百年来一直被崇奉为“六经之首”、“三玄之冠”。正因为许多人认为《易》道广大,无所不能,故凡人凡事都以《易》道为思维模式和行为准则。因此,难免使人们的思维被固定在结构严整的框架模式之中。也由于存在这种固定的思想模式，因而容易表现出对客观事物的主观臆测和武断。再加上后人，特别是一些方士术师（如汉京房，唐李虚中）的注解发挥，《周易》披上了神秘的外衣。八卦成了神秘莫测的“黑箱”，八卦学说逐渐与迷信混杂一起。

不管《周易》产生的历史背景是如何与宗教神权联系在一起，也不管《周易》筮卦理论的抽象性是如何简朴稚嫩，我们都无法忽视《周易》符号体系和语言体系相互渗透而形成的独特的世界观、自然观和人生观，尤其是这部著作对后世的重大影响。

二、易象与中国传统文化的思维方式

《易传》说：“易者，象也，象也者，像也”。“象”是《周易》的核心范畴，筮数以定象，系辞以释象，据象而定占。经过漫长的占卜历史，《易经》中的象已是经过归纳、概括、整饰，既保留了物象的特性，又舍去了物象的偶然性、局限性，同抽象思维中的概念一样，具有极大的统摄力，这是诗性智慧摆脱其原始形态迈出的关键一步。理性智慧的潜流促进了这一进展，“意”与“象”建立了比较稳固的联系，《易经》卦象以阳爻、阴爻为最基本元素，相互联接，每卦六爻，分为内外卦，通过排列组合构成的种种模式，通过其流动、联结、转换等方式形象直观地反映客观世界的运动，提供了意象思维的模式。《易传》则为此提供了形而上学的证明，大大推进了中国哲学的发展。

从根本上说，象是从观天测地的实践中抽象出来的，它有双重含义，其一是指事物的形象，其二是象征、类比、比拟。在传统文化中，人们要把握事物的具体意义，往往借助于具体的形象符号来进行。就是说，这些图象都是古代人们思维的载体，思维的真正目的在“得意”，《周易》正是通过卦爻符号体系来阐发天道人事，蕴含万物更新的意义。

宗白华先生指出：“仰俯往还，远近取与是中国哲人的观照法，也是诗人的观照法，而这种观照法表现在我们诗中画中，构成我们诗画中空间意识的特质。”这种全方位的观照方式，源自“人为天地之中”的素朴观念，对中国传统思维方式整体性、全息性特征的形成影响甚大，也决定了中国文化的开阔视野。中国诗歌中的宇宙意识，绘画中的散点透视，建筑中注重与自然环境谐调融合等皆为这种观照方式在艺术实践中的具体运用。于全方位观照中接受万象启迪，领会万物之情，众物之意。可以说，中国古代哲学史上的主要哲学家都以论证天人关系为首要任务，而以《周易》为肇端的“天人合一”说影响甚大。虽然其并没有明确提出“天人合一”命题,但其思想贯穿《周易》整个体系之中。

八卦是观物取象而得,“圣人有以见天下之赜,而拟诸其形容,象其物宜,是故谓之象”。易象这种以象示意、意象一体的特征与形象揭示对象内在本质和生命力的艺术形象相通,只是易象是尽意的手段,得意可忘象,所谓意溶于象,象合于意,是不可分割的整体,其本身便是目的。

如果说《易经》采用象作为思维基本单位尚是顺应原始思维之流向自然而下,那么在《易传》中则从理论上明确肯定了这一与理性智慧不同取向的基本原则。“言不尽意”故“圣人立象以尽意”,中国早期哲人清醒地看到了语言概念的局限性,“形而上者谓之道,形而下者谓之器”,在“道”“形”“器”三个层次中,中国人既未以道体道,也未以器体道。而是从中层入手,由“形”生“象”,因象体道。具有更大的包容性、灵活性、生长性的“象”与其所传达的“变化之道”有更多的形式上的同构性,“神无方而易无体”,因而可沟通道器,利于全息地整体地动态地把握对象,使人于直观感悟中体道。但象的这种特性也阻碍了认识向精微、明晰、系统的方向发展,而一直停留在混沌、宽泛、包容无遗的现象形态上。

三、易辞与中国文化的语言表达方式

易辞是易象的延伸和定型,是构成整部《易经》的主体。《易经》卦爻辞编排齐整,颇有文彩,已是运用纯熟的接近成熟状态的诗性语言了。早熟的象形文字使其获得稳固的形式,而高超的记载和保存文化的技术又使其一脉承续下来,左右着中国智慧的走向,也从根本上决定了中国文化的外在风貌和内在精神。

释象定占是易辞最基本的功能。六十四卦囊括了当时人类社会生活的主要领域,卦爻辞便是当时政治观、经济观、伦理观、历史观、文化观的体观,卜筮者们通过“吉凶悔吝”来表达其价值标准。“履以知行,谦以制礼,复以自知,恒以一德,损以远害、益以兴利,困以寡怨、井以辨义,巽以行权……”以政治伦理为中心的中国实用文化的许多价值观念,行为规范皆可溯源于此,其中包含的哲理可以脱离其占筮体例而存在,故孔子感慨:“不占而已。”荀子深谙:“大易不卜。”《易经》提供了中国文化的脚本。

此外,卦爻辞的主要功能是明象(言以明象)、尽言(系辞焉以尽其言)、表情(圣人之情见乎辞)。易学大师王弼这样论述意、象、言之间的关系:“夫象者,出意者也,言者,明象者也,尽意莫若象,尽象莫若言……意以象尽,象以言著。”明象之言辞是象的延伸,亦带有象的特点,言辞所铸出的象仍是有生命的活体,而非僵死的概念。孔颖达曾概括："凡《易》者，象也，以物象而明人事，若《诗》之比喻也。或取天地阴阳之象以明义……或取万物杂象以明义。"这也直接影响到我国诗画艺术以自然为主题，托物抒怀，寓情于景的表现方式，也铸造了中国文化各种形式（如哲学、美学、艺术理论）善用比喻、象征手法说明道理的特性。为使明象之言辞不限死象的外延，王弼还提出"得象在忘言"、"得意在忘象"的命题，与注重范畴规范，醉心于构造理论体系的西方理性智慧形成鲜明对照。言有言外之意，象有象外之意，言象皆为达意的工具，刘禹锡的"境生于象外"、司空图的"象外之象"的命题皆是此意，要求给人以暗示、启发，让读者于沉思默想中自得其意，既不道破，亦不限死，而是将读者引入完满恢宏的境界之中。以形象思维的方式、诗性的语言来表达深刻的思想。

易辞负有"尽圣人之言"的使命，在无事不卜的远古时代，卜筮者是传达神意的最高决策者，一语千钧，需要高度责任心，后世作为统治者高参，自然出语也十分慎重，因而构成《易经》特定内涵和特殊的文风。"夫易，彰往而察来，微显阐幽，当名辨物，正言断辞，则备矣。其称名也小，其取类也大，其旨远，其辞文，其言曲而中，其事肆而隐。"

"圣人之情见乎辞"，是什么样的情愫呢？"易之兴也，其于中古乎，作《易》者，其有忧患乎？"《易传》作者的这些猜测不无道理，司马迁也认为"文王拘而演易"把卦爻辞中时时出现的危世之言，警人之语，忧患之心，变革之义与作易者遭际联系起来。《周易》中这种深沉的忧患意识渗透到中国文化精髓之中，推动文化人面向现实忧国忧民，不平则鸣，有感方作，其辞中总脱不了那永不消逝的惆怅与穿透时空的慨叹。

刘勰《文心雕龙》云："情者文之经，辞者理之纬，经正而后纬成，理定而辞畅，此立文之本源也。"这与《易传·文言》中提出的"修辞立其诚"一脉相承，体现了中国文化的忧患意识和凝重的个性。古人所谓"立德"、"立功"、"立言"，其中"立言"并非仅是言辞形式，而是含有其深沉境界和深刻思想的言辞。

四、易数与中国文化中的诗性逻辑

易数是易象流动的程序，易数来自筮占，筮占是占卜术的高级形态，标志着原始民族计数、运算和抽象概括能力的提高。筮促使数从物中抽象出来，形成一个象、意、数溶合"收万于一"，"由一衍万"的凝结器，以《易传》所载筮法，已是一数一法皆具象征意义的精密体系了。正如成中英先生所言："《易经》形成八卦体系时，代表中国哲学思维成为一模式阶段，提供了一个以形象化思维表现出来的宇宙图象。”这个图像就是那个著名的阴阳双鱼图，它以一点为起点、终点和中心而画成的，由一点向相反方向运转，而后由这点向外涵括这最大限度的可能性，于是形成这个无所不纳的图象，相反的双方相互包含，随时可能转化，这便是令理性智慧头疼的中国辩证法。它代表着一种全息的、整体的、系统的宇宙论的思维方式，既是宇宙图象，又是认识图解，还具有重要的哲学意义。

易数使易象流转开来，由八经卦“二二相耦，非覆即变”而衍出六十四卦构成一个不断变幻的流程，“参伍以变，错综其数，通其变，遂成天下之文，极其数，遂定天下之象。”这意味着，《周易》“象”的思维在后来的发展中突破了一物一象、单一对应的象数比拟模式，形成了象外生象、触类变通、互为变卦的卦象推导模式。《周易》六十四卦有十二个特殊卦象，它们的刚爻与柔爻自初至长排列而不相错杂。这就是“复”、“临”、“泰”、“大壮”、“乾”、“垢”、“遁”、“否”、“观”、“剥”、“坤”，从这十二卦象看，阴阳柔刚变化很有规律，前六卦是阴爻逐渐增加，后六卦则相反，正是根据这一刚柔相长规律，《周易》把它与一年十二个月联系起来，认为这十二卦是刚柔消长的天道运行十二消息的盈虚反映。进一步讲，事物的变化发展过程和天道运行一样，是刚长柔消，柔长刚消，刚柔相互消长的过程。这是自然界和社会的变化客观规律“君子尚消息盈虚，天行也”对阴阳消长之规律，人们只能认识它，顺应它，利用它。

而这种流动的顺序也是易学专门研究的一个重要问题，即卦序。道行的排列顺序是乾为首，坤为次，终于未济卦。整个《周易》六十四卦体系，是一个将天地万物、男女社会都化作一个时间进程的体系。在这个体系中变化的象本质上都具有一种时间上的流动美。从美学和艺术角度来看，它标志着中国艺术形象的特点是在时间过程中展开，有着强烈的顺序感、节奏感、韵律感。从哲学上看，这种卦序，是《易》通过顺序逻辑思维的结果。具体体现为：①对立与统一。上文提到的“二二相耦”，即每两卦为一对，互相配合。这种配合有两种方式：一是覆，即二卦颠倒如屯与蒙、需与讼；二是变，即卦象六爻皆相反，如乾与坤、复与离，非覆即变这两种结合方式也叫反对方式。②抽象与具体。从逻辑上看，从抽象到具体是思维把握认识对象的逻辑行程的一个阶段，从思维的抽象规定上升为思维的具体，才能从孤立的、个别的规定上升为许多规定的综合、多样的统一，这个过程就要遵循客观的逻辑顺序。可以肯定，周易正是从净化的两个哲学概念——阴与阳出发，以其为逻辑起点推演出了万事万物、变化及规律，其逻辑理性思辩色彩影响万代千世的哲学思维。

第二节　易理与中国文化的哲学境界

易理，即指易学的基本原理，也是周易哲学的概括和总结。应该说，在这里揭示的也是中国哲学的基本原理。西汉《易纬·乾凿度》“易一名而含三义，所谓简易也，变易也，不易也”此说较为全面，在易学史上影响很大。“易”之“简易”，源自“乾以易知，坤以简能”；“变易”源自“生生之谓易”；“不易”则是“其要无咎”、“守中”的结果。易之三义也构成了那个著名的阴阳太极图，一个包含无限变化的圆圈。“易”中之“易”、“易”在“周”中，郑玄所谓“周易者，言易道周普，无所不备”正是此意。千变万化而不逾矩，包含无限可能性而又殊途同归，将对立矛盾不露痕迹地统一于和谐，正是易理的要义，正是诗性智慧的极致，也正是中国诗性智慧孜孜以求的理想境界。

一是简易。“乾以易知，坤以简能，易则易知，简则易从……易简而天下之理得矣；天下之理得而成位乎其中矣。”宇宙人生，万象纷纭，但天地大道则一，《易》以八卦符号构成体现大道运行的模型，抓住本质规律，并简洁地形象地表现出来，成为诗性智慧认识的典范，亦成为后世艺术的楷模。《乐记》“大乐必易，大礼必简”，《文赋》“除烦而去滥”，《文心雕龙》“物色虽繁，而析辞尚简”皆顺此而来，这种哲学理念也渗透到中国文化的其他方面，如中国绘画简法生动的线条，墨色为主的色彩，中国书法空灵动荡的意境。纵逸多姿的笔法，皆体现易简的妙韵。“道朴素而莫能与之争美”，中国美学总是把朴素、简淡、平易置于上品之列，所谓“删繁就简三秋树”。但崇简尚易也产生了一些副作用。如缺乏系统的理论体系，较多语录式的表达，如《论语》、《坛经》就是语录式的论著。

二是变易。按前人之说法，《周易》以“其要无咎”、“保合太和”为外围，以“通变”、“生生不息”为内核。所谓“生生之谓易”，“一阴一阳之谓道”这样一种由变易而致中和的发展观，成为中国文化的主要命脉，其阴阳对立统一的辩证思想已达十分纯熟的水平。

三是不易。荀子曰：“大易不卜”。而是致力于把握《周易》所揭示的“常”——即不变的规律。《周易》的这种不易观既体现了它对规律的看法，也揭示了这是一个由变易而致不易的具体过程。

一、生生之谓易

“乾坤成列而易立乎其中矣”。天地定位，变易不息。这种变易不是从量变到质变的机械过程，而是“天地感，而万物化生”的自然过程。《易》以阴阳交感的“泰”卦表达对“变易”的推崇，远古生殖文化在《周易》中升华为生命哲学。正如英国科学史家李约瑟所言：“在希腊人和印度人发展机械原子论的时候，中国人则发展了有机宇宙哲学。”自然、社会、人生在“生生”的基础上统一起来，“生生之谓易”，“日新之谓盛德”，生命气息遍及这个有机宇宙的肌体，阴阳刚柔推移变化、感应化生的过程无时无刻不在继续。

二、一阴一阳之谓道

这个命题含有四个方向的意义。一是注重阴阳消长的过程；二是注重阴阳互相渗透，刚柔交错，刚柔相拍而起变化；三是注重万事万物一分为二、合二为一，可以说《周易》的变化就是这样一分为二、合二为一的生生不息的变化过程；四是阴阳两极相通，和谐相融的统一体。

奠基于上述这种生命哲学上的“变易”观，必然走向“中和”，《三统历》曰：“阴阳虽就，不得中不生，故易尚中和。”对于个体，“中和”既是生命健康成长的前提，又是心灵安宁畅舒的保障；对于社会，“中和”既是统治者文治之道，又是民众保身哲学；对于中国文化而言，“中和”既是表现的对象又是追求的目标；对于中国文化和哲学，“中和”成为基本的原则。乾卦，这是周易中份量最重的卦，明确地表明中和既是生命的原理，又是事物稳定性的可靠保证的道理。“乾道变化，各正性命，保合太和，乃‘利贞’”，即是说“太和”是天地大化流行的根本，这正是《周易》的演易之宗旨。

《周易》的占筮体例将中和予以定位，从而进入“不易”阶段，把矛盾对立而相济达到“和”的矛盾中间阶段这一相对静止状态固定下来。其结果有两种，一方面，“执中”以求“无咎”，于是在变易阶段展示辩证规律、生机勃勃的《周易》哲学到不易阶段则显出“阴阳家拘而少畏”的底色来，由刚健有力走向消极守成，调和折衷，甚至沦为卫道工具。另一方面，许多人也在文化发展的历史中，不断地突破《周易》占筮体例框架，把哲理内容彻底解放出来，从而使诗性智慧向更高层次迈进。这个发展过程集中体现儒家对《周易》的改造，形成的影响深远的“中和”哲学。孔子提出的“执两用中”、“和为贵”等儒学传统观念便是《周易》阴阳和谐、当位、执中而协同思想的创新与光大。

《周易》中的易理哲学不仅影响到文学、艺术、道德、宗教，而且也影响了中国传统的科学思想，揭示了一些朴素的科学原理和方法论原则。如宇宙秩序原理，探索现象背后的秩序，是科学思想的源头。可以说，这也是《易》努力的目标之一，在这种努力中，《易》的思想中涉及宇宙生成论、感应论、循环论观点，构成了《易》关于宇宙秩序原理的内容。

(1) 生成论原理。《易经·系辞》提出："易有太极，易生两仪，两仪生四象，四象生八卦，八卦定吉凶，吉凶成大业"，并且以筮法的操作将其具体化，以体现自然演化步骤。

(2) 感应论原理。所谓感应论是主张事物以气为中介相互关联，基本规则是同类相盛。古人常用此观点解释一些自然现象，比如说潮汐现象，天气变化对人体生理活动的影响等，可以说，由董仲舒完成的阴阳五行天人宇宙论模式对中国文化特别是科学发展(如中和理论)影响很大，而这种思想也是最早见于《易》。《易传》最早提出气的感应观念。《易传·感卦象》有"二气感应以相与……天地感而万物化生……观其所感，而天下万物之情可见矣。"《易传·乾卦文言》提出"同声相应，同气相求……各从其类"。这是感应论的最初表达方式。

(3) 循环原理。所谓循环论主张一切自然过程都是终而返始的。它是中国先哲们在阴阳概念基础上将其提升为宇宙秩序的一个原理。可以这样说，这种理论对中国学术(包括科学思想)的影响是复杂而又深远的。例如以循环论思想指导的对自然界种种周期现象的观察和利用(历法、经络和血气循行环路)，应该说，这种思想也是容在易理之中。《易经》的八卦和六十四卦是以阴爻阳爻两种符号组成的两种基本循环模式，而著名的"无平不破，无往不复"是带有朴素辩证法思想的概括。

(4) 易德与中国文化的道德理想。《周易》是以天人关系来论证伦理道德的内容与意义的，这对中国文化影响很大。《说卦传》中道："是以应天之道曰阴曰阳，立地之道曰柔曰刚，立人之道曰仁曰义。兼三才而两之，故易六画而成卦。"可见，天、地、人既是构成客观世界的实在内容，也是易卦形成的主要依据。可以说，这是一种从道德角度建立起来的天人宇宙的模式。其中值得注意的是，在这一部论述天、地、人及其相互关系的典籍中，大部分内容是重人。八卦是三通卦，上爻代表天，下爻代表地，中爻代表人。六十四卦是六亘制，初爻、四爻表地道，二爻五爻表人道，三爻、上爻表天道，《周易》特别看重二、五爻位，"二五得中"，把人道放在中心位置。

说明同天地相比较，易更重视人事，重视人的主观解释的发挥。而这种思想最突出体现在人的伦理道德关系上。

第一，周易的理想人格设计。《周易》强调以人为本的道德实践，通过实践达到一种至善美，超越自我的理想人格。要达到这一理想，要求人们在道德修养中以知行合一为修养原则，以自强不息为精神动力。所谓“天行健，君子以自强不息，地势坤，君子以厚德载物”，对天地来说，自强不息与厚德载物是自然本源，但对人来说，则非自然来源，只有通过道德修养才能顺天应人，天人合一。

第二，《周易》还提出许多人格修养、完善人生的途径与方法，提出道德的理想与境界。涉及到人生各方面。六十四卦中有二十九卦谈到君子德行修养问题。具体如下：

乾：天行健，君子以自强不息。

坤：地势坤，君子以厚德载物。

蒙：山下出泉，蒙，君子以果行育德。

小畜：风行天上，小畜，君子以懿文德。

大有：火在上天，大有，君子以恶扬善，顺天休命。

蛊：山下有风，蛊，君子以振民育德。

临：泽上有地，临，君子以教思无穷，容保民无疆。

大畜：天在山中，大畜，君子以多识前言往行，以畜其德。

颐：山下有雷，颐，君子以慎言语，节饮食。

大过：泽天木，大过，君子以独立不惧，遁世无闷。

坎：水洊至，习坎，君子以常德行，习教事。

咸：山上有泽，咸，君子以虚受人。

恒：雷风恒，君子以立不易方。

遁：天下有山，遁，君子以远小人，不恶有严。

大壮：雷在天上，大壮，君子以非礼勿履。

晋：明出地上，晋，君子以自昭明德。

家人：风自火出，家人，君子以言有物，而行有恒。

睽：上火下泽，睽，君子以同而异。

蹇：山上有水，蹇，君子以反身修德。

损：山下有泽，损，君子以惩忿窒欲。

益：风雷益，君子以见善则迁，有过则改。

升：地中生木，升，君子以顺德，积小以高大。

困：泽无水，困，君子以致命遂志。

震：洊雷震，君子以恐惧修省。

艮：兼山艮，君子以思不出其位。

渐：山上有木，渐，君子以居贤德善俗。

节：泽上有木，节，君子以制数度、议德行。

小过：山上有雷，小过，君子以行过乎恭，丧过乎哀，用过乎俭。

既济：水在火上，既济，君子以思想而预防之。

由上述卦辞我们看到：①六十四卦均以天道附会人事，以天德类比人德。所谓顺天应人是也。所以这样一种道德观的理论基础依然是一种诗性智慧——即用类比、联想的方式所表现出的，而不是一种科学智慧。②虽然易德以比天德，将自然尽皆道德化，但在处理具体问题上，依然强调了以人为中心的道德实践，强调人的主动性，可以说，许多卦之所以有指导意义，是因为它是"警卦"——警戒人们不要逾矩，才能获得成功。③这种道德观对中国道德理想，特别是儒家思想影响重大。易德把仁义看作是元德，是最大的善，所谓"立人之道曰仁曰义"，从上述《周易》卦德，到禹稷的饥弱同怀，文王的泽及枯骨，孔子的老安少怀，孟子的苛政猛于虎等等都是仁义表现、爱人之举。这种由"仁民而爱物"，使仁心扩展到宇宙万物，是典型的情感体验，是一种通过对仁的自我体验而达到至善的诗性道德理想，即由我而非我，由爱人而爱物，仁心具有了普遍的意义，这是尽善尽美的道德实践之真谛。

第二章 《老子》《庄子》《管子》和道家哲学

第一节 《老子》和道家辩证法

道家是先秦时代一个重要的思想流派，其思想中富有历史理性与辩证法智慧，《老子》、《庄子》、《管子》是道家的得要典籍，从这三本经典中我们能较为清楚地了解道家的哲学和智慧。

一、《老子》简说

上文提到，理性精神是先秦各派的共同倾向，名家搞逻辑、法家倡刑名。而其中最主要的线索便是儒道互补。这条路线的基本特征是二者相反相成，相互对立又相互促进，《老子》和《论语》正是中华文化最重要的两部经典。《老子》所体现的冷静的历史主义、文化上的智慧和行动的辩证法都是中国哲学的重要组成部分。

《老子》，共五千言，后来称为《道德经》，分道经和德经两篇（长沙马王堆出土的帛书《老子》，是《德经》在前，《道经》在后，与传统说法不一致）。根据《老子》书中反映的社会问题，可能成书于战国初期，为老子后学所编。

我们研究老子的思想，主要依据《老子》。这本书的内容非常丰富，对后人影响很大。有些人把《老子》一书视为“宦海权术”，“做人处世之道”；也有些人把《老子》一书当成宗教经典，视《老子》为教义、教条，来加以信奉、背诵；也有些人把《老子》作为一部兵书。唐学者王真在《道德经论兵要义述》中指出“五千之言”的《老子》“未尝有一章不属意于兵也”；明清之际的唯物主义哲学家王夫之在《宋论》中特别强调它的“言兵者师之”；近代民主主义革命家章太炎在《馗书·儒道》论著中也指出：《老子》五千言是“约《金版》、《六韬》之旨”。

上述种种之说，均有一定道理，但必须看到老子首先是一名哲学家。哲学是世界观和方法论，是自然知识、社会知识和思维知识的概括和总结，与具体科学不能油水分离，特别是在各种科学浑然一体的古代，尤其如此。如果只从兵书、处世之道的“宦海权术”，特别是从宗教的“教义”去理解，那就错了。

关于老子其人，生卒年不可详考，但肯定在庄子之前。据《史记》记载，老子姓李名耳，字聃，楚国苦县历乡曲仁里（今河南鹿邑县）人，曾任过周王朝的史官。老子是先秦道家的主要代表人物。他生活在周期奴隶制度日趋崩溃，新兴的封建势力日益强大的社会大变革时代。他对这种社会大变革采取谨慎的态度。在社会政治思想方面，他反对刑杀和法令，反对重税和战争，反对儒墨尚贤和仁义道德的教化，甚至反对商品经济，反对人民有知识。他认为理想的政治是“无为而治”，理想的社会是“小国寡民”。他提倡减少私欲、知足不争、柔弱虚静等以退为进的人生观。在认识论上，他强调“致虚极、守静笃”，把静观和冥想看成是获得真理的重要途径。

据《史记》记载，孔子到周时，曾向老子问礼。老子说：“子所言者，其人与其骨皆已朽矣，独其言在耳。”（《史记·老子韩非列传》）意思是说，实行礼的人早已死去了，现在只留下一些虚文，已没什么可说了。他劝孔子说：“吾闻之，良贾深藏若虚，君子盛德，容貌若愚。去子之骄气与多欲，态色与淫志，是皆无益于子之身。吾所以告子者，若是而已。”（同上）老子主张修其道德，其学以自隐无名为务，君子要做到才德不外露。他认为孔子为了实现自己的政治主张，到处奔跑，表现的“骄气与多欲，态色与淫志”，对自己是没有什么好处的。孔子离开后，对弟子说：“鸟，吾知其能飞；鱼，吾知其能游；兽，吾知其能走。走者可以为网，游者可以为纶，飞者可以为矰。至于龙吾不能知，其乘风云而上天。吾今日见老子，其犹龙邪！”（同上）意思是说，鸟能飞，可以用箭去射它；鱼能游，可以用线去钓它；兽会跑，可以用网罩住它。至于龙，我不知道它乘风云而上的情况。我今天见到老子，他大概就像龙吧？认为老子的主张就是“龙”一样，看不见，摸不着，不可捉摸，是不能实施的。

从这段记载，已看出道家代表人物老子与儒家代表人物孔子具有不同的思想观点和主张。

二、老子的道家哲学

老子哲学的中心观念是“道”和“德”。“道者，物之所由”，是论证万物的来源和发展规律的；“德者，物之所得”，是讲道的具体运用及获得的成效的。

（一）道论

1.道生万物

在老子哲学中，道论主要包含三个方面的内容：即“道”是世界万物的共同本原;道也具有自然规律或物质世界规律的含义;道生万物,就是阐述道是万物之本原的意思。第三个含义则是道也是一种人生境界。老子认为“道”是“万物之宗”,他说“吾不知谁子,象帝之先”。(《老子·四章》以下引用《老子》一书,只注章)他认为“道”不仅是万物的本原,而且还出现在上帝之先,是上帝的祖先。我们引用三段话来说明其内涵。

第一段出自第四十二章:“道生一,一生二,二生三,三生万物。万物负阴而抱阳,冲气以为和。”其含义是道(无极)生化出“一”(太极),“一”生化出“二”(阴阳),“二”生化出“三”(和合),“三”生化出万物,万物背怀阴而抱阳,二气激荡而生化,“和合”。

第二段出自第二十五章,它明确地说明道是一种物质性的存在:“有物混成,先天地生,寂兮寥兮,独立而不改,周行而不殆,可以为天下母,吾不知其名,字之曰道。”其含义是有一种物象混然而成,先于天地形成之前出现,寂静虚空而无声无形,独立长存而永不变更,周而复始而永不衰竭,可作为万事万物的本原,我不知其名,勉强起名为道。

第三段出自第四十章,说明了道是大象无形的,道的本性就是无:“天下万物生于有,有生于无。”意思是宇宙万物都是从无形状、无大小的“道”中产生出来的。

可见,老子的“道”是和“有”相对的,是“无”的同义语。“道”是一种类似于原子的物质本体,是第一性的,是产生万事万物的终极本原,世界的万事万物都是从“道”派生出来的,是第二性的。因此,老子的“道”的学说,是典型的唯物主义理论,从这种理解推论下来,老子用道取代神,正如三十九章“以道莅天下,其鬼不神”,表现出他哲学思维中强烈的理性精神。

2.道法自然

“道法自然”是《老子》中一个重要的哲学命题,出自第二十五章“域中有四大,人居其一,人法地、地法天。天法道,道法自然”。其含义是宇宙之间有四大,而人占有其中之一,人效法地,地效法天,天效法道,而道即自然。老子在道法自然的哲学命题下,揭示了道是运动变化的,并力图揭示这种运动变化的方向和道路。

认为“道”生万物是无目的的,天地万物都效法“道”自然而然地变化,自然本身的规律也就是“道”生长万物所依据的规律。这些观点和传统的宗教观点相对立,具有无神论和反对神学目的论的性质。同时,他也认为人对自然是无所作为的。在这部分中,具体而充分地展现了老子哲学中最光辉的部分——辩证法思想。老子亲身经历了当时社会制度的变革和连年战争,历经兴衰成败、存亡祸福,使他看到了事物发展变化及其辩证关系。

首先，他猜测到一切事物都包含着既相互对立又相互联系、相互依存的两个方面。即从道之动合理地推论出：刚柔、强弱、众寡、大小、攻守、进退、先后、胜败、生死、祸福、勇怯、成缺、盈冲、难易、治乱、上下及为与不为等一系列的既对立又统一的辩证法范畴。

其次，他认为这些对立的范畴是相互联系、相反相成的。他说："有无相生，难易相成，长短相形，高下相倾，音声相和，前后相随。"（二章）这就是说，宇宙间的事物都不是孤立的，事必有偶。所以，有与无，难与易，长与短，高与下，音与声，前与后都是互为条件，既相反（相互对立）又相成（相互结合）的。

所谓"有无相生"，意思是说，有了"有"才能产生"无"，有了"无"才能生成"有"。"无"而生"有"，故没有"无"也就不能生成"有"；没有"有"也就不能知道"无"。所以，"有"和"无"是互为条件、互相产生的。老子认为，有形状、有大小的宇宙万物，是从无形状、无大小的"道"即"无极"中产生出来的，最后，事物又要灭亡，复归于"无"。"无"动而生"有"，"有"又复归于"无"，这就是"有无相生"的含义。

"难易相成"是指事而言。天下的事，有易知易行的，也有难知难行的，二者是有严格区别的。然而，二者又是互相依存的。没有难也就无所谓易，没有易也就无所谓难。"难"和"易"是"相反相成"的，所以老子说："天下难事必作于易，天下大事必作于细。夫轻诺必寡信，多易必多难，是以圣人犹难之，故终无难矣。"（六十三章）

"长短相形"是指体而言，体有长有短，然而长与短也是既相区别又相联系的。没有长也就不能区别短，没有短也就不能显示出长，"尺有所短，寸有所长"就是说"长"和"短"是有条件的、相对的。长是由短构成的，没有短也就不会有长。这便是"长短相形"的道理。

"高下相倾"，是指位势而言。高和下是相比较而存在。无高则无以知下，无下也无以知高。"高岸为谷，深谷为陵"，二者是相反相成的。

"音声相和"，是说音与声好似没有对立，然而音是许多声的统一。《乐记》说："凡音之起，由人心生也。人心之动，物使之然也。感于物而动，故形于声；声相应，故生变，变成方谓音。"

"前后相随"，是指时间而言。前与后是相反的。时间的一维性决定其先后不能倒转。但二者也是相反相成的。如形动而影随，春过而夏随，犹如江河水流之波浪，前后相随，相继而流逝。

老子看到矛盾双方既对立又统一，是相反相成的。它标志人类认识的深化，是很可贵的。

再次，他还猜测到事物发展到一定阶段会向相反方面转化。他说："物壮则老"（三十章），"坚强者死之徒，柔弱者生之徒"（七十八章）。"正复为奇，善复为妖"，"祸兮福之所倚，福兮祸之所伏"（五十八章）。老子关于事物向自己对立面转化的思想，为后人所继承。汉代《淮南子》中的"塞翁失马"的故事，就生动形象地说明了"祸"与"福"之间相互转化的道理。故事说：

> 在边塞一带住着一个老翁，有一天，他的马忽然跑到塞外去了。邻人们知道后，都到他家来安慰这个老翁。谁知这老翁不但不难过，反而说："这也许是好事吧！"过了几个月，那匹马又跑回来了，并且还带了一匹匈奴的骏马。这时，邻人们又来给他道喜。老翁又说："怎么知道不会变成坏事呢？"家里有良马，老翁的儿子又爱骑，谁知不小心，从马上掉下来，摔断了大腿。听到这个不幸的消息，邻人们又来慰问他。可是这老翁又说："谁能说这不会变成为好事呢？"又过了一年之后，匈奴的军队大举进兵，侵犯边疆，身强力壮的青壮年人都服役参战。大多数人都死在战场上，而他的独生子却因为瘸腿，未能出任，父子二人保全了性命。

尽管故事中所说的"祸"和"福"，是以一家的私利为标准的，同时又带有宿命论的色彩。然而，它却形象地说明"祸兮福之所倚，福兮祸之所伏"，包含着"祸"与"福"相互转化的辩证法思想。"塞翁失马，焉知非福"已成为人们比喻坏事可以变成好事的常用语。

老子也看到了事物小可以发展为大，柔弱能够战胜刚强。他说："合抱之木，生于毫末；九层之台，起于累土。"（六十四章）毫末的树种子不是大树，但却可以长成合抱的大树；一小堆土不是高台，但不断积累，却可以成为九层高台。他还说："柔弱胜刚强"（七十八章），"柔胜刚，弱胜强"（三十六章）。"守柔曰强"（五十二章）。"人之生也柔弱，其死也坚强；草木之生也柔弱，其死枯槁，故柔弱者生之徒，坚强者死之徒。是以兵强则灭，木强则折，坚强处下，柔弱处上。"（七十六章）"天下莫柔弱于水，而攻坚者莫之能胜，其无以易之。弱之胜强，柔之胜刚，天下莫不知，莫能行。"（七十八章）在这里，老子看到了柔弱的新生事物可以战胜貌似强大的旧事物。他主张"贵柔"，"守柔"、"柔弱胜刚强"。据传说：

一次孔子率领弟子去向老子请教。孔子和他的弟子在门外等了好长时间，白发苍苍的老子才拄着拐杖出来，可是老子并没有说话，只是用食指指一下自己的舌头和已脱去牙齿的牙龈，就回屋去了。这时孔子叫他弟子回走，弟子不理解地说："我们等了好长时间，老子连句话也没说，不是白来了吗？"孔子说："老子是说，坚硬的牙齿都脱落了，而柔软的舌头还完好地存在着。"意思是说柔弱胜刚强。

这个故事，可能是后人编出来的，无法考证。但它确实表达了老子"柔弱胜刚强"的思想。

(二)德论

老子哲学中的德与道学中的道相关，道和德是《道德经》出现频繁的两个字，关于这两个字哲学含义的解释以魏晋南北朝的王弼解释的最简炼深刻。"道者，物之所由，德者，物之所得。"就是说，道是事物发展的规律，方向；而德是按照道来做所获得的好处，利益和成功，即如孟子所说的"得道多助、失道寡助。"如果说道是体，那么德就是用，老子的"德"，则是各种具体存在着的事物所含有的特性，也是"道"在具体事物中的体现。老子企图用"道"和"德"这两个观念来说明物质世界的统一性和多样性，以及它们的形成和变化原因。所谓"道生之，德育之，是以万物莫不尊道而贵德"，关于老子德论，用哲学术语概括可为柔弱论、素朴论、谦下论、无为论等。

班固在《汉书·艺文志》中概括为"清、虚、卑、弱"四个字，并认为这是"君人南面术也"，是获得最大成功的智慧。所谓"清"，就是清净、清静之意。"清"的第一个含义是清净，如老子第十章所言"涤除玄览"，意为"洗其心，洁净也"，人心干净才能映照世界未来面目。

"清"的第二个含义是清静，《老子》认为，守静，是物之真正也"致虚极、守静笃，万物并作，吾以观复。夫物芸芸，各归其根，归根曰静，静曰复命；复命曰常，知常曰明，不知常，妄作凶。"其含义是"让心境虚寂到极点，使心情清静到笃实，万物蓬勃生长，我从中考察复归的途径。万物纷繁茂盛，各自返回本根，返归本根叫清静，清静叫复归生命，复归生命叫恒常，认识醒常叫明白，不明白恒常，妄动出凶险。"其哲学含义可以概括为"宁静以致远"，因为万物都存在于虚无和宁静之中，所以从认识论上说，要探究万物的本质，本质就必须恢复其最原始的虚静状态"万物静欢犹自得"，才能明白枢要，否则，妄动，则凶。"重为轻根，静为躁君……轻则失根，躁则失君。"意为厚重是轻率的本根，静定是躁动的主君……轻率就会失去根基，急躁就会失去主君，失去灵魂。可见，与静相对的是“躁”即急躁、浮躁、暴躁、狂噪，任何一个人在这种状态都谈不上智慧，躁则妄动，妄动则凶。“清静为天下正”，即清静无为能够让天下走上正道。

所谓“虚”，就是谦虚——虚怀若谷，才能海纳百川，从全书来看，谦下是其极为强调的重点，谦虚是智慧产生的重要前提和方法“致虚极……”故谦虚则“谦谦君子，用涉大川”《周易·谦》，“谦虚使人进步”，“满招损，谦受益”都是这个道理。

所谓“卑”，就是善于处下，懂得韬光养晦。为了说明这一点，老子用谷、水、道路等多方说明这个道理。第一，“上善若水，水善利万物而不争，处众人之所恶，故几于道。”（八章）水处于最低的地方，所以能汇集成江河湖海，滋润万物。第二，“江海所以能为百谷王者，以其善下之，故能为百谷王，是以欲上民，必以言下之。欲先民，必以身后之。”（六十六章）“所以领导者希望统治老百姓，就必须言辞谦下，希望率领老百姓，就必须把自己的利益放在老百姓的后面。”

“大国者下流……故大国以下小国，则取小国，小国下大国，则取大国……大者宜为下。”（六十一章）“大国要像江河那样居于下游，处在百川交汇之地……大国对小国谦下而忍让，就可以取得小国的拥护；小国对大国谦下而忍让，就可以得到大国的庇护……所以大国特别应该学会谦下而忍让。”

所谓“弱”，即知雄守雌，柔弱胜刚强。老子善用水来类比，“夫天下莫柔弱于水，而攻坚强者莫之能胜，”（七十八章）“天下之至柔，驰骋于天下之至坚”，正因为水具有积累、隐忍，以柔克刚的本性，所以上善若水，“弱者，道之用”（四十章）。毛泽东把“以柔克刚，以弱胜强”的道理运用到战争之中，游击战争十六字令就是这种智慧的体现：“敌进我退，敌驻我扰，敌疲我行，敌退我进”。可见老子智慧影响之巨大。

第二节　《庄子》和道家怀疑论思想

一、《庄子》简说

《史记》称《庄子》，“著书十余万言”；《汉书·艺文志》称五十二篇，现存三十三篇，其中内篇七篇、外篇十五篇、杂篇十一篇。内篇集中反映了庄子的思想，一般认为是庄子所著；外篇和杂篇为他的弟子所录，或后人伪托。《庄子》继承和发展了老子“道法自然”的思想，强调事物的自生自灭，否认有神的主宰，包含有辩证法因素，但由于强调绝对运动忽略相对静止从而忽视事物质的稳定性，主张齐物我，齐是非，齐生死，齐贵贱，安时处顺，逍遥自得，倒向相对主义、怀疑论。庄子是道家学派的继承者，并把老子的道家学说引向了神秘主义。司马迁在写《史记》时，把庄子和道家学派的创始人老子放在一起作传，并且指出：庄子"其学无所不窥，然其要本归于老子之言……以诋訿孔子之徒，以明老子之术"(《老子韩非列传》。可见，司马迁已经看到庄子和老子之间的继承关系。到东汉时，人们开始把"老庄"并提，到魏晋时，"老庄"才成为流行语，普遍使用，然而，庄子的学说与老子的思想是既有联系又有区别的。鲁迅在谈到庄子学说和老子思想的关系时指出："故自史迁以来，均谓周之要本，归于老子之言，然老子尚无欲言有无，别修短，知黑白，而措意于天下；周则欲并有无修短白黑而一之，以大归于'混沌'，其'不谴是非'、'外死生'、'无终始'此意也。中国出世之说，至此乃始圆备"(《鲁迅全集》第8卷，第272页)。老子的学说讲有无相生、长短相形、黑白相明，具有丰富的朴素辩证法思想；而庄子的学说则致力于齐万物、齐是非、齐生死的哲学境界。如果说老子的道主要讲本原与规律，那庄子则主要讲人生境界。在哲学上走向相对主义诡辩论。庄子在《天下篇》中，对春秋战国以来的各种学术流派思想作了评述。他对于关尹、老聃的学说，非常尊崇；而对于彭蒙、田骈、慎到偏法家的学派不感兴趣，所受的影响不大；对于宋钘、尹文子的学说，也受了一定的影响。

庄子对老子的精神实体的"道"作了进一步的说明，他在《大宗师》中说：

> "夫道有情有信，无为无形；可传而不可受，可得而不可见；自本自根，未有天地，自古以固存。神鬼神帝，生天生地；在太极之先而不为高；在六极之下而不为深；先天地而不为久；长于上古而不老。"

他认为"道"是无为无形的，既看不见，也摸不着；"道"是世界万事万物的本原，在天地之前就已存在了。上帝、鬼神靠着它才显示作用，天地万物是由它所产生的。可见，庄子所说的"道"是一个独立存在的精神实体，这比老子说得更清楚明白。

二、《庄子》和道家的相对主义哲学

(一)齐万物

相对主义不可知论，是庄子哲学的显著特点。这一思想主要表现在《齐物论》中。他说：

> "有始也者，有未始有始也者，有未始有夫未始有始也者。有有也

者，有无也者，有未始有无也者，有未始有夫未始有无也者。俄而有无矣。而未知有无之果，孰有孰无也。”(《齐物论》)

意思是说：世界在它的开始，而在这以前就有它的没有开始，再推上去，还有它的未开始的未开始。简单地说，就是世界在时间上推不出它是从什么时候开始的。庄子在这里并不是要说明世界在时间上是无限的，其目的在于通过论证世界在时间上推不出它的开始，从而得出怀疑世界存在的怀疑主义的结论。所以，他接着说，我们讲世界有“有”，有“无”，然而在有“有”和有“无”之前又是什么状况呢？那就是没有“有”和“无”；如果再往上推，连没有“有”和“无”也还没有了。突然之间，我们说世界是真“有”呢？还是真“无”呢？一切都无从谈起。庄子对老子的“有无相生”也不承认，认为最好是采取怀疑主义的态度。

庄子的怀疑主义同他的相对主义不可知论是紧密地联系在一起的。庄子认为事物的性质都是相对的，没有确定的本质区别。例如，他说细小的木头和粗大的屋柱子，丑的和美的，宽大和狡诈，奇怪和妖异，生和死等等，从“道”的角度来讲都是没差别的。所谓事物的异同，完全是主观的。他说：“自其异者视之，肝胆楚越也；自其同者视之，万物皆一也。”(《德充符》)他认为，认识者如果从不同的观点去看，即使像肝胆这样在统一体中的内脏，也会像楚国和越国那样遥远不同；但是如果认识者从相同的观点去看，也可以说万物都没有差别。他说：“以物观之，自贵而相贱”，“以差观之，因其所大而大之，则万物莫不大；因其所小而小之，则万物莫不小”(《秋水篇》)。他认为对事物观察的角度不同，采取的标准不同，会得出不同的结论。因此，贵和贱、大和小都是相对的。唯物辩证法也承认事物的贵和贱、大和小是相比较而存在的，在一定条件下是可以转化的，但这是以它们的对立(区别)为前提的。认为对立是绝对的，统一是相对的有条件的。庄子否认事物之间的绝对对立，把一切事物之间的区别或对立都看成是相对的，从而得出了相对主义的结论。

(二)齐是非

庄子还认为，人的认识能力也是相对的，根本不存在什么客观的标准。在《齐物论》中，他举了不少例子论证这一点。他说，人睡在潮湿的地方会得腰痛病，难道泥鳅也这样吗？人爬到高树上会感到胆怯，难道猴子也这样吗？那么，人、泥鳅、猴子三者，究竟谁算知道正当的住处呢？又说，毛嫱、丽姬(古代传说中的美人)，人以为是美的，可是鱼见了她们吓得钻进水底，鸟见了她们吓得高飞，麋鹿见了她们赶快跑开。那么，人、鱼、鸟、麋鹿四者，究竟以谁的尺度作为衡量美与不美的标准呢？庄子得出的结论是：“自我观之，仁义之端，是非之涂，樊然淆乱，吾恶能知其辩？”他认为是非是一团混乱的，人的认识是无法判断它的，要获得正确的认识是不可能的。“庄周梦蝶”的寓言，就是相对主义的体现。寓言说：

> “昔者庄周梦为蝴蝶，栩栩然蝴蝶也，自喻适志与！不知周也。俄然觉，则蘧蘧然周也。不知周之梦为蝴蝶与？蝴蝶之梦周与？”(《齐物论》)

意思是说：从前庄周做梦，在梦里自己化成一只蝴蝶，拍着翅膀飞着，居然是真的蝴蝶了，他自己觉得很得意，不知道原来是庄周。一忽儿醒过来了，怪得很，仍然是一个庄周！不知道是庄周在梦里化成了蝴蝶呢，还是蝴蝶在梦里化成了庄周呢？庄周认为这是无法判断的。因为一切事物质的区别都是相对的。在庄子的相对主义看来，你可以把白说成黑，把死说成生。例如，庄子说：“方生方死，方死方生；方可方不可，方不可方可。”(《齐物论》)他把生和死，可以和不可以之间的转化看成是无条件的，从而否认事物之间的质的稳定性和区别，得出“是亦彼也，彼亦是也；彼亦一是非，此亦一是非”(同上)的诡辩论的结论。按照庄子的观点看来，生也可以说是死，死也可以说是生；此方，从彼方看来，它就是彼方；彼方，从它自己来看，它就是此方。彼有彼的是非，此有此的是非。总之，“万物齐一”，毫无差别。

庄子的相对主义否认事物之间质的差别，否认认识事物的客观标准，必然走向不可知论。庄子不仅提出不可知论，并且进行了论证。如他说：“吾生也有涯而知也无涯，以有涯随无涯，殆矣！”(《养生主》)意思是说，人的生命是有限的，而要认识的事物是无限的，所以用有限的生命去认识无限的事物是不可能的。在这里，庄子看到了个人认识的有限性和认识对象的无限性之间的矛盾，这在两千多年前能提出这个矛盾是难能可贵的，它从反面表现了庄子思考问题的深刻性。

庄子看到认识主体与认识客体的矛盾，然而它无力解决这些矛盾，最终得出的结论是错误的。《秋水篇》记载庄子和惠施在濠梁上关于“鱼儿是否快乐”的辩论就可证明这一点。

> “庄子与惠子游于濠梁之上，庄子曰：‘鲦鱼出游从容，是鱼之乐也。’惠子曰：‘子非鱼，安知鱼之乐？’庄子曰：‘子非我，安知我不知鱼之乐？’惠子曰：‘我非子，固不知子矣，子固非鱼也，子之不知鱼之乐全矣。’庄子曰：‘请循其本。’子曰：‘汝安知鱼乐云者，既已知吾知之而问我，我知之濠上也。’”(《秋水篇》)

这就是有名的“濠梁之辩”。庄子和惠施辩论“鱼儿是否快乐”？当然这是毫无意义的诡辩。然而他们却以辩论的方式提出了关于认识对象、认识能力、认识标准、认识主体和认识客体的关系等一系列的问题。

按照惠施的逻辑，“你不是鱼，怎么能知道鱼儿是不是快乐呢”？也就是说，主体不是客体，所以主体不能认识客体，把认识主体和认识客体之间看成有不可逾越的鸿沟，得出不可知论的结论。庄子从相对主义诡辩论出发，最终走向客观唯心主义。他否认事物之间质的区别，否认事物是客观的真实的存在，否认认识的客观标准，认为一切事物都以“我”的感觉为转移。因为“我”在这里游玩得快乐，所以知道鱼儿是快乐的。可见，庄子认为，“我”觉得世界怎样，它就是怎样的。

唐朝诗人白居易在谈到“濠梁之辩”时，写了一首诗进行评论。诗曰：

“濠梁庄惠谩相争，未必人情知物情。
獭捕鱼来鱼跃出，此非鱼乐是鱼惊。”

白居易认为，“濠梁之辩”是庄子和惠施在互相抬杠，因为人情和物情是两回事，各不相干。比方鱼儿跃出水面，是水獭在追，这哪里是鱼乐，而是鱼惊。鱼游于水，是鱼的生存本能的活动，无所谓乐与不乐的问题，硬用人的七情喜怒哀乐去理解鱼，这只能是诡辩。

(三)齐生死

庄子用相对主义观点来解释人间世事，在生死问题上也是如此，庄子说“劳我以生，息我以死”，把死亡看作是一种休息来进行精神安慰、精神胜利。比如，人们把死看成是最大的不幸和痛苦。他通过把“生”和“死”看成是没有严格界限及其质的区别，从而达到解除痛苦，进行精神安慰。在《至乐》中有个“庄子鼓盆”的寓言故事：

> 庄子妻死，惠子吊之。庄子则方箕踞鼓盆而歌。惠子曰：“与人居，长子，老，身死，不哭，亦足矣，又鼓盆而歌，不亦甚乎?”庄子曰：“不然，是其始死也，我独何能不慨然？察其始而本无生，非徒无生也，而本无形；非徒无形也，而本无气。杂乎芒芴之间，变而有气，气变而有形，形变而有生，今又变而之死，是相与为春秋冬夏四时行也。人且偃然寝于巨室，而我噭噭然随而哭之，自以为不通乎命，故止也。”(《至乐》)

意思是说，庄子的妻子死了，他的好友惠施来吊丧，看见庄子蓬头赤脚坐在棺材上，一边敲着瓦盆，一边唱着歌。惠施见了很生气地对他说：“你妻子同你结发相居这么多年，给你生儿育女，现在他死了，你不悲不哭就够了，还要敲敲唱唱，不是太过分了吗？”这时，庄子说：“你说错了，我妻子刚死时，我怎会不悲哀呢？可是现在我想通了。其实啊，一个人本来就无所谓有生命，非但没有生命，连形状也没有；非但没有形状，连气也没有。人原来不过混杂在混沌迷茫之中，慢慢产生了气，气又聚成了人形，人形又变成了生命；现在人死了，只不过是恢复了原来的样子罢了，这就像春夏秋冬四季循环一样。现在我妻子不过是寝于“天地之间，我要是还在旁边号啕大哭，那就是太不通达于天命了，所以我不哭了”。庄子在这里用朴素的观点来解决生与死，他“以死为大乐”的说法，虽然有些诡辩色彩，但对死亡的一种豁达胸襟，还是有积极意义的。

(四)逍遥游

庄子看到自由和客观条件的矛盾，但他不是去积极地认识和改造客观条件，争取获得自由，而是采取寻找取消条件的无条件的精神自由。

庄子谈到人和自然界的关系时，认为人的一切努力都是多余的。他说：“日月出矣，而爝火不熄，其于光也，不亦难乎？时雨降矣，而犹浸灌，其于泽也，不亦劳乎？”（《逍遥游》）意思是说，自然界已经有了日月照明，可是人们点的火还不熄灭，这对于光来讲，不是太难为它了吗？适时的雨已经下了，可是人们还要灌溉，这对于湖泽来讲，不是太劳累了吗？他认为，人们在自然界面前的一切作为都是多余的，人们只能听从“天”和“道”的摆布，甘愿做自然的奴役，在现实社会中是毫无自由可言的。他在《逍遥游》中说，大鹏展翅飞翔，要靠大风和长翼的帮助，人行千里，要带够三个月的粮食，这种有依靠的生活，不能说是自由的。传说中的列子能轻妙地乘风飞行，并能达半月之久，这比一般人来说算是自由的了；但是列子不也是要有风才能飞，如果没有风，也就不能有这样的自由了，而且，他所去的地方也仍然是有限的。在庄子看来，即使是列子这样的生活也不能算是自由的，因为这样的生活都要依靠一定的条件（是“有待”的）；他认为，真正的自由，应该是不依赖于任何条件（是“无待”的）。庄子认为，要得到绝对的自由，不仅要取消一切外界条件的约束，而且要摆脱自己肉体的束缚。他理想的绝对自由的人是“至人无己，神人无功，圣人无名”。他认为“至人”不感到自己存在，“神人”没有任何作为，“圣人”不计较自己的毁誉，因而在精神上是绝对自由的。他在《大宗师》中所描绘的“真人”是“其寝不梦，其觉无忧，其食不甘，其息深深。真人之息以踵，众人之息以喉”（《大宗师》）。他认为这才是“真人”所表现的绝对自由状态。

这是克服了“有己”、“有待”，所达到的“无己”、“无待”的绝对无条件的精神自由。他说：“堕肢体，黜聪明，离形去知，同于大通。此谓坐忘。”（《大宗师》）所谓“坐忘”，就是彻底地“忘”，不仅忘掉一切客观事物，而且要忘掉自己的肉体，甚至去掉一切认识活动。他认为，如果根本忘掉了人与物、人与人之间的一切差别、界限，那就能达到与天地万物浑然一体的神秘的精神境界，即“同于大道”，才能在这种神秘的精神境界中获得绝对的精神自由。

第三节 《管子》“以水为体，以人为本”的哲学思想

老子之后，《道德经》的哲学衍生了两个道家学派，一派是以《庄子》为代表的相对主义哲学，一派是以《管子》一书为代表的稷下道家经验主义哲学。

《管子》旧题春秋齐管仲著，实系战国后秦汉人伪托管促之名而作，共二十四卷，原本八十六篇，今存七十六篇，内容繁杂，但以道学思想为主，基本是稷下道家思想，其中《水地》、《心术》、《内业》、《白心》等篇中包含丰富的哲学思想。

《管子·水地》篇中，提出“水者，万物之本原”。认为“水”是世界万物的本原，并且进行了具体的论证。

首先，从万物由水构成，论证水为万物之原。《管子》说，水是“无不满无不居也”，水“集于天地，而藏于万物；产生金石，集于诸生”，水构成万物。同时万物生长都要依靠水。水“集于草木，根得其度，华得其数，实得其量”，草木的根、花、实，要长得繁茂饱满，非水不可；“鸟兽得之，形体肥大，羽毛丰茂，文理明著”，水在万物中的含量适当，才能按照自己的常规成长。他还认为“水集于玉”才使玉石具有溜润而光滑，文理鲜明，坚而不硬，洁净而不污垢，宁折不弯，茂华光泽等特性。《管子》还认为人也是由水生成的。他说：“人，水也。男女精气合，而水流形。”“人的五脏、九窍都是水集而成。水凝而为人，而九窍五虑（视、听、嗅、言、思）出焉。”就是说人的思维也是由水集而成。这里表现了《管子》的哲学走向一元论。

其次，从水在土地生长万物中的作用上来论证水是万物之原。《管子》说：“地者，万物之本原，诸生之根菀也。”“水者，地之血气，如筋脉之通流者也。”是说，万物的生长，离不开土地，也离不开水。但他绝不是说万物有两个本原，而是说水经过地的中间环节而产生植物、动物等生物体。

再次，从水与人的精神面貌的关系来论证水是万物之本原。《水地》篇中认为，各国人的精神面貌不同，是由于各国水性不同所致。如它说齐国人粗豪而好勇，是由于齐国的水“躁而复”造成的；宋国人简易而好正，是由于宋国的水轻劲而清彻所致。因此，它认为想转变人的精神面貌，“其枢在水”，关键在水。《管子》甚至把封

建社会伦理道德的“仁”、“义”之性也加于水，以人的道德品性比附水的自然特性，这当然是不确切的，更谈不上科学性了。但《管子》认为龟、龙，传说的精灵“蟳”都是由于水而产生的，是水的产物，在反对宗教迷信及唯心主义坚持唯物主义一元论上是有重大意义的。

总之，《管子》认为水是“万物莫不以生”的本原。他说：“水者何也？万物之本原也，诸生之宗室也，美恶贤不肖愚俊之所产也。”水是万物的本原，生万物的宗祖，是一切美好的、丑恶的、贤德的、不肖的、愚蠢的、俊杰的等等所赖以产生的根源。

从现在的科学水平看，《管子》一书的思想有些是很幼稚可笑的。但是在两千年前能提出水是万物的本原，并且进行逻辑的论证，是很有意义的。《管子》一书提出“水”是世界万物的本原，较之古希腊泰勒斯提出水是万物本原早一百多年。实际上，世界上第一个提出水是世界本原的应该是《管子》，而不是泰勒斯。恩格斯以泰勒斯为例，曾对这一哲学理论给予高度评价。恩格斯说：

> “在这里已经完全是一种原始的、自发的唯物主义了，它在自己的萌芽时期就十分自然地把自然现象的无限多样性的统一看作不言而喻的，并且在某种具有固定形体的东西中，在某种特殊的东西中去寻找这个统一，比如泰勒斯就在水里去寻找。”（《马克思恩格斯选集》第20卷，第525页）

这段话也应作为对《管子》的评价。

《管子》一书中，还包含有丰富的辩证法思想。

首先，《管子》认为一切都在运动中、变化中。书中说：“岁有春、秋、冬、夏，月有上、下、中旬，日有朝暮，夜有昏晨。”（《宙合》）所以说，“天不一时”，自然界并不停滞不动。“山陵岭岩，渊泉宏流，泉逾三实而尽，薄承三实而不满。高下肥硗，物有所宜。”（同上）物各有所宜，变化万千，这就叫做“地不一利”。“乡有俗，国有法，食饮不同味。衣服异采，世用器械，规矩绳准，称量数度，品有所成。”（同上）各有所成，互不相同，这就叫“人不一事”。“春采生，秋采蓏，夏处阴，冬处阳，取与之必因于时也。”（同上）这说明，对于自然界，人们必须因时制宜地进行活动。所以《管子》主张从政者也必须“不慕古不留今，与时变，与俗化”（《正世》）即不羡慕古代，不滞留于今朝，要随着时代的前进而变革，随着民俗的变化而变化。

《管子》认为，实现变革的关键，在于事物的内在矛盾。所谓：“予夺也，险易也，利害也，难易也，开闭也，杀生也，谓之决塞。”（《七法》）所谓决塞，就是冲决阻塞，解决矛盾，继续前进。书中列举了刚柔、轻重、大小、实虚、远近、多少、强弱、贵贱、贫富等多种矛盾,认为只有通过这些矛盾的解决,才能促成事物的变化发展。书中认为“春秋冬夏,阴阳之推移也;时之短长,阴阳之利用也。日夜之易,阴阳之化也。”(《乘马》)自然界的运动变化,都是由阴阳两种对立势力矛盾形成的。

《管子》还猜测到矛盾是可以不断转化的,而促成这种转化的关键,在于人的主观努力。书中说:“召远在修近,闭祸在除怨,修长在乎任贤,高安在乎同利。”(《七法》)意思是说,要想招徕远者,必先修好近邻;要想逃避祸端,必先除去怨恨;要想统治长久,必须任用贤人;要想高枕无忧,必须与民间同利。书中认为,如果明白了转化的道理,就会了解:

> “大而不为者复小,强而不理者复弱,众而不理者复寡,贵而无礼者复贱,重而凌节者复轻,富而骄肆者复贫。故观国者观君,观军者观将,观备者观野。”(《霸言》)

所以他认为“夫善用国者,因其大国之重,以其势小之;因强国之权,以其势弱之;因重国之形,以其势轻之。”(同上)他还认为:

> “爱四封之内,而后可以恶境外之不善者。安卿大夫之家,而后可以危救敌之国。赐小国地,而后可以诛大国之不道者。举贤良而后可以废慢法鄙贱之民。是故先王必有置也,而后必有废也。必有利也,而后必有害也。”(《中匡》)

意思是说,能爱护境内的人民,然后才可以憎恶境外的不善者;能使卿大夫之家平安而后才可以危及仇敌之国。赐给小国以土地,而后才能去诛伐无道的大国。选举贤良的官吏,然后才可以罢黜轻法鄙贱的人。因此,先王必有所置,然后才能有所废;必有所利,然后才能有所害。可见,书中把矛盾转化的思想应用到治理国家、理解政治上。

《管子》还提出:过分声言必然得到的事,是不足以依赖的。过分强调必然实现的诺言,是不足以信任的。谨小慎微的人,做不成大事。限量小食,不能强健身体。所以说高傲自大,专断独行,是办事的大祸害。又说:“夫厚于味者薄于德,沈于乐者反于忧,壮而怠则失时,老而解则无名。”(《吕氏春秋·达郁》)。“莫乐之,则莫哀之;莫生之,则莫死之;往者不至,来者不极。”(《形势》)不能使之快乐,则人们对于你的死也不会有什么悲哀;不能使之生存,则人们也不会为你而死。应当给的都不给予,人们也不会为你献身。

《管子》还猜测到在矛盾双方中,总有一方为主,能战胜另一方的。“众胜寡,疾

胜徐，勇胜怯，智胜愚，善胜恶，有义胜无义，有天道胜无天道。”（《枢言》）

在社会历史观上，《管子》适应奴隶社会向封建社会转变时期的建立新的生产关系的需要，提出了“以人为本”的主张。书中说：“夫霸王之所始也，以人为本，本理则国固，本乱则国危。”（《霸言》）书中强调君王要“爱民”，要“富民”，真正做到“省刑罚，薄赋敛，则民富矣。”（《小匡》）要想得民，还必注意合理使用资源。“山林虽广，草木虽美，禁发必有时；国虽充盈，金玉虽多，宫室必有度；江海虽广，池泽虽博，鱼鳖虽多，罔罟必有正。”（《八观》）书中还提出必须注意“老老”、“慈幼”、“怕孤”、“养疾”、“合独”、“问疾”、“通穷”、“振困”、“接绝”（《入国》）等主张。尽管在当时社会是不可能实现的，但它毕竟表现了《管子》对于人的重视。

《管子》认为，君臣之分，并不是上帝安排的、天生注定的。国君是人而非神，所以他们也和普通人一样，会有过错甚至可能有大过的。作为帝王应广开言路，经常听到人民的意见和诽声。《管子》以古帝王为例说：“黄帝立明台之议者，上观于贤也。尧有衢室之问者，下听于人民。舜有告善之旌，而主不蔽也。禹立谏鼓于朝，而备讯也。汤有总街之庭，以观人诽也。武王有灵台之复，而贤者进也”（《桓公问》）。《管子》认为，有志于指出帝王过错的，是正人君子！能以政事争于君前的，都应受到赞扬。

《管子》对以世袭血缘关系为基础的亲亲宗法制度，也进行了鞭挞。提出了社稷高于亲戚的论断。“令重于宝，社稷重于亲戚”（《揆度》），“明君不为亲戚危其社稷，社稷戚于亲，不为君欲变其令，令尊于君……不为爱民亏其法，法爱于民。”（《法法》）主张要打破宗法亲亲的界限，选贤任能。

《管子》强调以法治国，认为，“法者不可恒也”（《任法》），法不是不变的。“千里之路，不可扶以绳；万家之都，不可平以准。言大人之行，不必以先帝常义，立之谓贤。”（《宙合》）不要以先帝的法制为标准，而应该“修旧法，择其善者，举而严用之”（《小匡》）。

《管子》看到了经济发展对于国家治乱的关系。

“国多财，则远者来；地辟举，则民留处；仓廪实，则知礼节；衣食足，则知荣辱。”（《牧民》）

《管子》能看到了社会物质生产和物质生活，对社会的作用，较之政治和道德更为根本，更为重要。这些思想有历史唯物主义的萌芽。

第三章 《论语》《孟子》《荀子》和儒家哲学

儒学是春秋战国时最有影响的学派之一，从汉武帝“罢黜百家，独尊儒术”起，儒家学论不但与封建专制结合，为历代王朝尊崇、利用，而且流入到社会意识和社会生活的各个方面，对中国文化的形成和社会心理的凝聚都起了重大作用。孔子、孟子、荀子是儒学中影响最大的人物，他们的著作《论语》《孟子》《荀子》乃至代表儒学思想道德的《易经》都是对后世影响巨大的哲学论著。

第一节 《论语》的现实论哲学

一、《论语》简介

《论语》一书，是孔子弟子及其后学记载关于孔子及其弟子言行思想的记录，共二十一卷。《论语》是儒学的重要典籍，内容有孔子对学生的谈话，孔子答弟子问，还有孔子弟子间的谈话，是研究孔子思想的主要资料。

《论语》一书，东汉时被列为七经之一，南宋朱子将其与《孟子》《大学》《中庸》合为四书。今本《论语》系东汉郑玄混合各本而成，共二十篇，重要的注释有三国时何晏的《论语集解》，清代刘宝楠的《论语正义》。

孔子虽然在政治上没有显赫的成就，但孔子以“有教无类”的思想开办私学，从事讲学活动，广招弟子，传授知识，晚年时又埋头整理周代的典籍，在学术上取得了一定的成就。他自己说：“吾自卫返鲁，然后乐正，雅、颂各得其所。“(《论语・子罕》)同时，广招弟子，传授《诗》、《书》、礼、乐的知识。据说他的学生先后达到三千人，其中有成就的有七十二人。

二、《论语》哲学思想

孔子的哲学思想表现为重伦理，轻本体。他突出强调地维护奴隶制度的仁说。他明确指出：“克己复礼为仁。一日克己复礼，天下归仁焉。”(《论语・颜渊》)还进一步指出，仁的内容是“非礼勿视、非礼勿听、非礼勿言、非礼勿动。”(《论语·颜渊》)孔子认为，要做一个符合“仁”的原则的人，视、听、言、动各个方面都要符合周礼的规定。

孔子反对新兴地主阶级破坏周礼的僭越行为。按照周礼的规定：在祭祀时，天子用八佾，即八八六十四人；诸侯用六佾，即六六三十六人；大夫用四佾，即四四一十六人；士用二佾，即二二为四人。可是鲁国季氏的身份是大夫，按周礼规定只能用四佾，他却用了八佾，即用六十四人在家庙中奏乐、舞蹈。他认为这种破坏周礼的僭越行为不是小事，非常气忿地说：“是可忍也，孰不可忍也”(《论语·八佾》)。意思是说，季氏连天子的乐舞仪仗都忍心僭越，还有什么事能不忍心去干呢？

孔子生活在我国由奴隶社会向封建社会过渡的历史时期，由于他的奴隶主阶级立场，把西周的奴隶社会制度看做是最好的，因而他一生致力于维护正在崩溃中的奴隶制度即周礼。他希望有一天能在齐、鲁这类国家复兴文王、周公之道。为此孔子强调要“正名”，其政治含义就是用周礼作为尺度去正名分。孔子对齐景公说的“君君、臣臣、父父、子子”的奴隶主贵族等级制度和以奴隶主贵族的血缘关系为纽带的宗法制度，是周礼的主要内容，也是正名的主要内容。孔子认为，春秋末期，礼崩乐坏的政治混乱主要是由于“名”不正，“名”与“实”不符造成的。企图通过“正名”使君之“实”要符合君主“名”，臣之“实”要符合臣之“名”，达到名实相符，一切按照周礼办事，按照“君君、臣臣、父父、子子”的要求办事。在国家政权方面要维护“礼乐征伐自天子出”，不能“自诸侯出”，更不允许“陪臣执国命”。在家庭关系中，要维持“周道亲亲”的奴隶主宗法制度。以父子关系来说，即使父亲做了坏事，比如偷了人家的羊，当儿子的为了尽孝道，必须包庇父亲的偷盗行为，反过来，父亲对儿子的坏事也要帮助他隐瞒。父子互相包庇就是最公正无私的道德。孔子说：“父为子隐，子为父隐，直在其中矣。”(《论语·子路》)当然，臣对于君，也是这样。孔子对国君的违礼行为也采取了包庇的态度。鲁昭公娶了同姓的女子为妻，有人问昭公是否知礼？而精通周礼的孔子明知鲁昭公违反周礼，但他却回答说：“知礼。”后来别人指出昭公这一严重违礼行为的事实，孔子并不分辩，只是说“丘也幸，苟有过，人必知之”(《论语·述而》)，只是答非所问地说：“我真是幸运，假如有过错误，人家一定知道。”他自己终不提昭公违礼的事实。韩非子在《五蠹》篇中曾举了一个事例反对孔子的主张。他说：

> 楚国有个绰号叫直躬的人，他的父亲偷了人家一只羊，他就去见官告发。当时的宰相说：“把他杀了。”宰相认为他虽然对君忠实，但是对

自己的父亲太忤逆了，因此宣判了他的罪。从此看来，君主的正直臣子，就是他父亲的狠心的儿子了。鲁国有一个人跟着鲁君出去作战，在三次战斗中三次逃跑。孔子问他逃跑的原因，他回答说："我家里有年老的父亲，我战死了就没有人养活他了。"孔子认为，这个人是孝子，把他推荐上去。

韩非子以此来揭示孔子主张推行的"君君、臣臣、父父、子子"，是虚伪的和对社会是有害的。他反对孔子维护周礼的主张。这也说明孔子思想也面临挑战，要求孔子在哲学上给予回答。

孔子维护奴隶制度，必然要维护为奴隶制服务的"天"神的地位。孔子很少谈论鬼神，即所谓"子不语，怪、力、乱、神。"(《论语·述而》)当子路问事鬼神时，孔子回答说："未能事人，焉能事鬼。"(《论语·先进》)问人死后的事，他回答说："未知生，焉知死。"(《论语·先进》)对于鬼神的问题，孔子采取回避态度。然而在"天人"关系问题上。他一方面承认"天"是有人格、有意志的，是自然界和人类社会的最高主宰者。他承认世界上的万事万物都是由"天"或"天命"安排的。以下的言论足以证明：

"子曰：吾十有五而志于学，三十而立，四十而不惑，五十而知天命，六十而耳顺，七十而从心所欲，不逾矩。"(《论语·为政》)

"子见南子，子路不说。夫子矢之曰：予所否者，天厌之！天厌之！"(《论语·雍也》)

"子曰：天生德于予，桓魋其如予何？"(《论语·述而》)

"子畏于匡，曰：文王既没，文不在兹乎？天之将丧斯文也，后死者不得与于斯文也；天之未丧斯文也，匡人其如予何？"(《论语·子罕》)

"颜渊死，子曰：噫！天丧予！天丧予！"(《论语·先进》)

"子曰：君子有三畏：畏天命，畏大人，畏圣人之言。小人不知天命而不畏也，狎大人，侮圣人之言。"(《论语·季氏》)

"子曰：不怨天，不尤人，下学而上达。知我者其天乎？"(《论语·宪问》)

可见，孔子对"天"、"天命"作了肯定的回答，从上述文字中，明显看到他承认"天"、"天命"决定着人世间的生死祸福。其中最有名的话就是孔子的学生子贡所说的："商闻之矣，死生有命，富贵在天。"(《论语·颜渊》)认为一个人的生命、富贵早已由“天”或“天命”预先决定了，不是通过个人努力可以改变的。孔子不仅认为“天”是个人死生祸福的主宰，同时还是自然界的最高主宰者。如《论语》中有一段孔子和子贡的对话，即“子曰：予欲无言。子贡曰：子如不言，则小子何述焉？子曰：天何言哉？四时行焉，百物生焉，天何言哉？”意思是，孔子说他自己不想多说话。子贡说，老师如果不说话，我们向您学习什么呢？孔子回答说：天何尝说过话？但四时在运行，百物在发生，天何尝说过话？正因为孔子承认“天”、“天命”是有人格、有意志的世界万物的主宰，“天”、“天命”能够赏善罚恶，决定社会的治乱兴衰，人的生死祸福。所以孔子才强调要“畏天命”，“知天命”，甚至认为“知命”是作为“君子”的必要条件。他说：“不知命，无以为君子也”（《论语·尧曰》）。

另一方面，就是同样一个孔子，在《论语》中却很少谈论鬼神，对鬼神采取慎重的态度，其实孔子并不相信鬼神之事，而是一个充满现实主义态度的哲学家，但他又为什么承认“天”是自然和社会的主宰，是世界万物最终极的本原吗？孔子本人的“祭神如神在”一句话暴露了这个秘密。就是说，相信神的存在才能使人们有所敬畏，才能约束自己的行为。

三、《论语》和孔子教育思想

孔子这种现实主义的哲学表现出灵活性和非独断性的特征，这种特点最突出地表现在他的教育哲学中。孔子是我国古代伟大的教育家，在教育方面作出了重要的贡献。他开创私塾，较以前的“学在官府”来说，的确起到了普及文化的作用。在学习和教育的态度上，他强调“学而不厌，诲人不倦。”（《论语·述而》）；“知之为知之，不知为不知”（《论语·为政》）；要求做到“毋意，毋必，毋固，毋我。”（《论语·子罕》）即要求戒绝四种毛病，即不悬空揣测，不武断一切，不拘泥固执，不自以为是。他主张多听、多见、多问，要“不耻下问”（《论语·公冶长》）。在教学方法上，他强调启发式，并提出“不愤不启，不悱不发。举一隅不以三隅反，则不复也。”（《论语·述而》）意思是不到学生冥思苦想，还想不通时，不去开导学生；不到想说却说不出来时，不去启发学生。指点了一个方面，不能推知别的三个方面，就不再教育他们了。同时还要求学生必须做到“温故而知新”（《论语·为政》）；要求教师要做到“因材施教”，使每个人都发挥其特长，克服其弱点。在《列子·仲尼》篇中记载一段孔子和他的学生子夏的对话，就足以说明这一点。对话如下：

有一天，子夏问孔子说：“颜回的为人怎样？”孔子回答说：“颜回的仁义比我强。”子夏又问：“子贡的为人怎样？”孔子回答说：“子贡的口才是我所不及的。"子夏接着又问:"子路的为人怎样?"孔子又说:"子路的勇敢是我所不如的。"子夏接着又问:"子张的为人怎样?"孔子说:"子张的庄重胜过我。"子夏听了有些糊涂起来,站起来问道:"既然他们都比你强,他们为什么都愿意拜你做老师又向你学习呢?"孔子说:"你坐下来!让我告诉你。颜回讲仁义但不懂得变通;子贡口才好但不够谦虚;子路很勇敢但不懂得退让;子张虽然庄重但与人合不来。他们四人各有所长,也各有所短,所以都愿意拜我为师,跟我学习。"

从孔子与子夏的对话,我们看到孔子不愧是伟大的教育家,是"因材施教"的楷模。他对自己的学生的长处和短处了如指掌,进行因材施教。

孔子一生为实现自己的政治抱负:"克己复礼",即恢复西周的奴隶制而努力奋斗;但是,由于他的理想和当时社会发展趋势背道而驰,因而经常遭到一些新兴封建势力的反对,到处碰壁。

孔子之所以成为封建社会的圣人,是经过汉儒董仲舒、宋儒朱熹等人的改造、发挥,使孔子的思想成为封建社会的正统思想,孔子的声望也越来越高。正如鲁迅所说:"孔夫子之在中国,是权势们捧起来的,是那些权势者或想做权势者们的圣人,和一般的民众并无什么关系。"(《且介亭杂文二集·在现代中国的孔夫子》,《鲁迅全集》第 6 卷,第 317 页)自从汉武帝接受董仲舒的建议,提出"罢黜百家,独尊儒术"以来,历代统治者都把儒家的思想作为统治阶级的正统思想,把儒家的著述视为经典,把孔子尊为"圣人"。例如,汉平帝元始元年(公元 1 年),尊孔子为"褒成宣尼公";唐玄宗开元二十七年(公元 739 年),又尊他为"文宣公";元成宗大德十一年(公元 1307 年),尊他为"大成至圣文宣王";明世宗嘉靖九年(公元 1530 年),尊他为"至圣先师";清世祖顺治二年(公元 1645 年),尊他为"大成至圣先师"。封建统治阶级为孔子在全国各地建孔庙,或称为文庙。他们利用孔子及其思想为自己的统治服务,使孔子开创的儒家思想成为中国封建社会两千多年来的统治思想。

第二节 《孟子》的性善论哲学

一、《孟子》简介

《孟子》一书,所记载的是亚圣孟轲的政治活动、政治学说、哲学伦理、教育思想等,相传为孟轲弟子万章、公孙丑所辑,《汉书·艺文志》著录十一篇,现存《七篇》:

《梁惠王》、《公孙丑》、《滕文公》、《离娄》、《万章》、《告子》、《尽心》，相传另有“外书”四篇，已散佚，主要注释书有清焦循的《孟子正义》等。

从影响上看，《孟子》一书被朱子列为四书，是举子必读书，如果说《论语》仅是简短的语言记录，《孟子》已发展为结构完整、叙事生动的散文，是优秀古代散文的典范；从思想上看，《孟子》集中论述的是儒家人性论思想和由此指出的结论：仁义的政治哲学思想和个体人格修养哲学。

二、性善说的哲学论证

孟子的仁的个体人格及“仁政”学说的理论基础是他的“性善说”。“性善说”是孟子理论体系的重要组成部分。他把“性善说”作为为封建社会的君臣、父子以及孝亲、忠君、敬长等伦理行为进行辩护的政府根据。同时也以这一学说对不同意他观点的人进行反驳。如杨朱不承认有所谓“君臣”这一伦理关系出于天性之说；墨子的兼爱之说也不利于孟子论证父子关系出于天性之说。所以孟子说：“杨氏为我，是无君也；墨氏兼爱，是无父也。无父无君，是禽兽也。”（《滕文公》下）

孟子同告子在人性的问题上展开了激烈的辩论。告子主张人性无善无不善说，不同意孟子的“性善论”。因此，他们二人进行了激烈的辩论。

> 告子说：“性，犹湍水，决诸东方则东流，决诸西方则西流。人性之无分善不善也，犹水之无分东西也。”孟子又反驳说：“水性无分于东西，无分于上下乎？人性之善也，犹水之就下也，人无有不善，水无不下。”（《告子》上）

告子认为，人性好像水，向哪边引导，它就向那边流去。人生来都有饮食和男女的欲望，和动物差不多。以此来论证人生来不具有孟子所说的先天的伦理道德，道德是社会环境的产物，是后天学习获得的。告子关于道德（仁义）起源的思想，具有一定的合理性。当然告子观点也是不科学的。他没看到人是社会的人，他也不可能从社会关系中来考察人，而把人降低到一般动物，混同于动物是非常错误的。因而，孟子反驳说：“然则犬之性犹牛之性，牛之性犹人之性欤？”（《告子》上）孟子指出：人具有伦理道德观念，与一般的动物不同，这一点比告子深刻的多。

三、“仁政”的政治哲学

孟子的“仁政”学说的重要内容是“制民之产”，即要给人民以固定的产业，免于饥寒的痛苦，然后再教化他们学习礼义。他说：“明君制民之产，必使仰足以事父母，俯足以畜妻子，乐岁终身饱，凶年免于死亡，然后驱而之善，故民之从之也轻。”（《梁惠王》上）就是说，要使人民得到必要的土地，能够养活一家老小，不至于无衣无食，这样，让他们驯服就容易了。他描绘了一幅理想中的小私有者农家的图画。

“五亩之宅，树之以桑，五十者可以衣帛矣；鸡豚狗彘之畜无失其时，七十者可以食肉矣；百亩之田勿夺其时，八口之家可以无饥矣；谨庠序之教，申之以孝悌之义，颁白者不负戴于道路矣。老者衣帛食肉，黎民不饥不寒，然而不王者未之有也。”（《梁惠王》上）

孟子强调“制民之产”的目的，在于防止人民群众起来造反，巩固新兴的封建统治。他说：“民之为道也，有恒产者有恒心，无恒产者无恒心。苟无恒心，放辟邪侈，无不为矣。”（《滕文公》上）有了固定财产，人民才不会造反。

孟子认为，要达到国富民强，人口增多，不能靠战争、掠夺，而是要靠实行仁政，发展农业生产。他提出“不违农时”，“民事不可缓”的主张。他说：

“不违农时，谷不可胜食也；数罟不入洿池，鱼鳖不可胜食也；斧斤以时入山林，材木不可胜用，是使民养生丧死无憾也。养生丧死无憾，王道之始也。”（《梁惠王》上）

孟子认为发展生产，“使民养生丧死无憾”是实行“王道”的开始。只有“王道”才能巩固新兴封建地主阶级在政治上和经济上的统治。孟子通过总结春秋以来的奴隶起义和逃亡导致西周奴隶制的崩溃的事实，看到人心向背对于统治阶级政治成败的关系。所以他说：“天时不如地利，地利不如人和。”又说：“城非不高也，池非不深也，米粟非不多也。委而去之，是地利不如人和也。”（《公孙丑》下）他认为，只要人心归向，即使用最坏的武器也能战胜强大的敌人，用木棒可以“挞秦楚之坚甲利兵”。他还说：“民为贵，社稷次之，君为轻。”（《尽心》下）他认为人民群众比统治者重要。

孟子的“民为贵”、“不违农时”、发展生产等主张，在一定意义上反映了长期受战乱之苦的广大劳苦大众，希望过安居乐业、丰衣足食生活的要求。这些思想无疑是进步的。

由于孟子生活的新兴的封建制社会刚刚确立，奴隶制度复辟的危险时刻威胁着封建统治者，多数的封建统治者及其政治家都主张富国强兵，奖励耕战，通过战争兼并而统一天下，因而尽管孟子游说诸侯国时，受到热情的接待，但是他的“王道”、“仁政”的主张并未能得到采纳或实施。

孟子向梁惠王推荐自己的“仁政”主张时，有这样一段对话：

> 梁惠王曰：“寡人之于国也，尽心焉而矣！河内凶，则移其民于河东，移其粟于河内。河东凶亦然。察邻国之政，无如寡人之用心者。邻国之民不加少，寡人之民不加多，何也？”孟子对曰：“王好战，请以战喻。填然鼓之，兵刃既接，弃甲曳兵而走，或百步而后止，或五十步而后止。以五十步笑百步，则何如？”曰：“不可，直不百步耳，是亦走也。”曰：“王如知此，则无望之多于邻国也。”（《梁惠王》上）

这段对话的意思是这样：孟子向梁惠王推荐他“仁政”的主张。梁惠王说：“我对于国家总算尽心了吧！河内荒年的时候，我就把河内的灾民移到河东去，把河东的粮食调到河内。河东荒年的时候也是这样。我看邻国的国君还没有像我这样尽心地爱护百姓。可是，邻国的百姓并未减少，我的百姓也未增多，这是什么缘故呢？”梁惠王对以“仁政”治天下表示怀疑。这时，孟子便举了个“五十步笑百步”的事例来论证自己的主张。意思是说，梁惠王尽管做了些爱护百姓的事，但还没有真正实行“仁政”，这就像在战场上两个逃跑的士兵，而跑五十步的却笑话跑一百步的人胆小怕死。其实他们两个人都是战场上的逃兵，在本质上没有什么两样。

孟子认为，只有靠“王道”、“仁政”才能统一天下；他认为掠夺性的杀人的战争是不能得到人民的支持的，在政治上是不会成功的。他反对战争，他说：“争地以战，杀人盈野，争城以战，杀人盈城。”（《离娄》上）所以他认为“善战者服上型”（同上）。孟子看不到战争兼并在推动奴隶社会向封建社会过渡，实现中央集权的统一的封建国家的作用。因而他的主张是有片面性的。事实上，任何一个统治者要想在政治上获得成功，都需要“王道”和“霸道”两手。没有强大的军队及其战争，就不能制服敌人；没有对人民的“仁爱”，就难以取得人民的支持，也就不能长期维护政治的安定。

四、“性善论”和人格修养哲学

孟子的哲学思想是从孔子的哲学思想发展而来的，但二者既有区别又有联系。孔子维护西周以来的“天命”观，表现为客观唯心主义，但还没有形成系统的唯心主义体系。孟子通过对传统的“天命”宗教思想进行细致的理论论证，建立一个“尽心、知性、知天”的主观唯心主义的哲学体系。这一方面是对孔子个体人格修养论的高扬，也是对自己“仁政”学说不能实行的哀叹。

孟子的“天命”不同于孔子的人格化的“天”。他给“天”以道德属性，认为王位和政权是“天”授予的，而“天”的意志又是通过贤明的君主来实现的。他说国君传位给下一代君主，不是出于私人的意志，而是“天与之”。新君即位，他的百姓表示服从，政令可以推行，这就证明“天”已经同意了他的统治。表面上孟子排除了比较原始的人格化的宗教迷信形式，但却保持了“天命”决定社会和人事的宗教内容。孟子说：“天将降大任于斯人也，必先苦其心志，劳其筋骨，饿其体肤，空乏其身，行拂乱其所为。所以动心忍性，曾（增）益其所不能。”（《告子》下）孟子看到了一个人的成功，成为大有作为的人，要经过非常艰苦的锻炼，克服困难才能成才。孟子通过创果为因，把成才的手段说成是“天”有意地安排和培养的。他把一切看来人们无能为力的现象，都归于“天命”，认为“天命”是最后的决定者。

那么，怎样才能知“天命”呢？他认为只要“尽其心者，知其性也，知其性则知天矣。”（《尽心》上）所谓“尽心”，就是说人们能够扩充自己的心去认识自己的本性，人的本性中先天地包含着仁、义、礼、智这些道德；人们如果相信这些道德品质（知其性）不是由外面灌入的，是由人的心中自动涌现出来的，那就是认识“天”了。也就是说，只要发展，扩充了每个人的四端（心），即可认识自己的善性（知性），从而也就可以认识“天命”了。有了这样的认识，只是精神修养的初步，还要做到“存其心，养其性，所以事天也。”（《尽心》）下意思是说，人能保守初生时的心灵不被后天诱出正轨，把它培养、坚固，使它的本性不被习俗蒙蔽改变，方可叫做良心、良性。保守这种良心、良性，也不为别的，不过是敬事它的天元灵根。孟子认为，人性本来就是善的，而人之所以有不道德的行为，是由于为“物欲”所蔽，不能尽量发挥这种天赋的“善性”，即道德本能的缘故。

孟子对性和命的解释还有一段论述，他说：

> “口之于味也，目之于色也，耳之于声也，鼻之于臭也，四肢之于安佚也，性也；有命焉，君子不畏性也。”（《尽心》下）

意思是说，追求生活享受是人的本性，但谁能获得享受却是由天命决定的，应该听从天命，不能认为这是人性的需要而去强求。这是对孔子弟子的“死生由命，富贵在天”的进一步发挥。

孟子认为，人的善性和人的命运都来自天命。像君臣、父子等伦理关系，本来是由天命决定的，是人力不可抗拒的；但是处理这样的社会伦理关系主要靠人的主观努力，要尽量按照封建伦理道德办事，不能把在伦理关系方面的问题推诿给“天命”。而像富贵、生死则是由“天命”决定的，个人追求也没有用，因而就不应该去追求它。孟子这样解决性和命的关系，就可以使人安于任何境遇，而不怨天尤人，当然也就不会反抗了。这是一种精神安慰和精神解脱的主观的“修养”方法。所以孟子说:“万物皆备于我矣,反身而诚,乐莫大焉;强恕而行,求仁莫近焉。”(《尽心》上)意思是说,万事万物的道理在我内心里都具备了,只要反求诸己,确实省悟到这些道理了,这就是莫大的快乐;只要严格要求自己,一切按照它的原则尽力去做,要想做仁人君子就不难了。

孟子认为,要达到知天(知天命),可以从“养心”、“寡欲”的方法入手。他说:“养心莫于寡欲”(《尽心》下)。而要达到这种神秘境界的修养方法是“养气”。所谓“养气”,不是养精气,而是培养一种“浩然之气”。孟子所说的“浩然之气”不是物质性的,是道和义配合而产生的。这种“气”靠人们的正义感,使养气的人具有这种正义感,就可以勇往直前。养“浩然之气”,必须先有积善的事,需要日积月累,不可偶然忘记它,也不可帮助它,要听其自然才行。他举了一个“拔苗助长”的故事。他说:

> 宋国有一个农民,嫌秧苗长得太慢,有一天,他就下田去把秧苗一棵一棵地拔高,回到家里,疲劳不堪,说:“今天可把我累坏了,我叫禾苗长高了好几寸。”他的儿子赶快跑到田边一看,禾苗全部枯槁了。(《公孙丑》上)

孟子用“拔苗助长”的故事,来说明他说的养“浩然之气”所必须遵守的原则,不可性急,犯急躁情绪,要听其自然才行。现在人们用这个典故告诫人们必须按照客观规律办事,否则,违反规律是注定要失败的。孟子是先验论的哲学家,他所谈的精神状态的“义”都是主观的,这是不容怀疑的。但是,孟子作为新兴地主阶级的思想家,对自己的阶级前途充满信心,因此,他相信人的主观能动性,认为只有想到的就一定能做到,这同代表老庄哲学的消极无为的主张,形成鲜明的对比。孟子的错误是夸大了人的主观能动性,并作了主观唯心主义的理解。

孟子在当时尽管享有盛名,受到各诸侯国的欢迎。但是他们都认为孟子的学说近于空谈,不能克敌制胜、御敌强国,所以没有人采纳他的主张。孟子和孔子一样,最后只好退居讲学,来传播他的学说思想。现存的《孟子》一书,就是他和他学生的活动的记录。《孟子》一书到南宋时,与《大学》《中庸》《论语》同列为“四书”,成为儒家的经典著作之一。该书文字流畅,文笔犀利,说理透辟,是不可多得的优秀的古典散文。

第三节 《荀子》百家争鸣的哲学总结

一、《荀子》简说

现存《荀子》共二十卷，计三十二篇。《汉书·艺文志》著录孙卿子三十二篇，另有赋十篇。《荀子》最初由汉代刘向校定的，为避汉宣帝刘询的"询"字，故改《荀子》一书为《孙卿新书》，唐代中叶杨倞作注时，把三十二篇，分为二十卷，对各篇次序也重新编排，改称《荀子》。现普遍认为《荀子》一书除《儒效》、《议兵》、《强国》及《大略》等六篇可能是其弟子的杂记，其余均为荀子本人亲笔所作。其中《天论》篇阐述的是哲学思想，《非相》篇主要是批判相术迷信，《富国》篇论述封建的富国之道，《乐论》篇记述的是音乐原理以及音乐与人生活的关系，《解蔽》篇论述了心理学原理，《正名》篇论述了逻辑学原理。总之，《荀子》一书内容非常丰富，涉及政治、经济、文化、教育、社会伦理等各个方面，可以说是对战国时期的学术思想作了比较全面的总结。郭沫若先生在《十批判书》中指出：

> "荀子是先秦诸子的最后一位大师，他不仅集了儒家的大成，而且可以说是集了百家的大成的……他是把百家的学说差不多都融会贯通了。先秦诸子几乎没有一家没有经过他的批判。"(《荀子的批判》)

荀子在《非十二子》篇中，对它嚣、魏牟、陈仲、史鳟、墨翟、宋钘、慎到、田骈、惠施、邓析、子思、孟轲等十二子进行了分析批判。在这十二子中，儒、墨、道、名、法各家都有。有些文章也涉及对老子、庄子、申不害等人的批判。荀子对诸子的批判，并不是把他们的学说全部抛弃，而是采取分析的态度，是有批判有继承的。由此，荀子也成为春秋战国时代各学派思想的集大成者。而这种情况的出现，和荀子本人的学术生平息息相关。

荀况 15 岁时，由赵国去齐国游学。战国时期，各种学派蜂起，号称百家争鸣。齐国稷下学宫是各派学者汇集的地方。齐宣王末年更置列大夫，对学者非常尊崇。荀子这时来稷下游学，学到不少东西，受到各种学派思想熏陶，成为当时稷下有名的学者、著名的学术权威。齐襄王重整稷下学宫，这时荀子又回到齐国。荀况在学宫里"最为老师"，曾经"三为祭酒"。《史记·孟子荀卿列传》中说："田骈之属皆已死齐襄王时，而荀卿最为老师。齐尚脩列大夫之缺，而荀卿三为祭酒焉。"所谓"三为祭酒"，指荀卿出入前后三度处列大夫康庄之位，而皆为其所尊，"祭酒"为席间最受尊敬者。

公元前266年，秦昭王起用范雎为相，并封为应侯。后来荀卿曾应邀到秦国进行考察。荀卿在秦国从政治、军事、民情、习俗及自然形势等方面进行了考察，并表示赞扬和钦佩。他提出了“力术止，义术行”，用“王道”来统一中国的主张。他建议秦国任用“儒者”；由于秦国当时推行以“霸道”为主的法家路线，所以他的意见没被秦国采纳，他自己也未被任用，后来又先后到齐国、赵国、楚国，广博的阅历使他学术视野开阔、思想深邃。在评判各家得失中建立了自己的哲学体系。

首先，荀子对道家进行了批判。荀子的唯物主义的自然天道观是在批判地吸收老子的天道观的基础上建立起来的。老子提出了自然无为的“道”的学说，否定“天”是有意识的至高无上的主宰的“天命观”。但是，老子否定得并不彻底，老子的“道”仍然是一个神秘的精神实体，是唯心主义地解决世界的本原问题。荀子扬弃了老子的唯心主义精神实体，把“道”改造成为具有规律性的物质实体，从而建立起唯物主义的自然天道观。荀子对庄子也进行了批判。庄子否定人的主观能动性，否认人对自然的改造，主张“无以人灭天，无以故灭命”，强调“天人合一”。荀子批判庄子“蔽于天而不知人”(《解蔽》)，即只听命于自然而不知人的作用。荀子提出了“明于天人之分”和“制天命而用之”的思想，强调人定胜天，人能胜物，看到了人的主观能动性，从而使自己的自然天道观具有新的意义。

其次，荀子批判地继承了宋、尹学派中的思想成果。他在《解蔽》中指出：“宋子蔽于欲而不知得”，说宋钘同墨子一样，“上功用，大俭约而慢差等”(《非十二子》)，批判了他的“人之情欲寡”、“见侮不辱”、“使人不斗”的主张。他吸收了宋、尹学派的唯物主义精气说，从而使自己的唯物主义自然观有了朴素的物质的基础。同时荀子对于宋、尹学派中关于“礼”、“法”结合的思想，也予以继承和发展。

再次，荀子对于墨子也进行了批判。他批判墨子“非乐”、“节用”等说教，认为墨子否认礼乐的文饰，是抹杀等级差别；而对墨子的“尚贤”主张，却尤为赞赏，特别是对墨家的认识论和逻辑学方面的积极成果，给予继承和发展。

对于名家的说辩倾向他也给予尖锐的批判。他批判惠施、邓析“不法先王，不尚礼义，而好治怪说、玩琦辞，甚至察而不惠，辩而无用，多事而寡功，不可以为治纲纪；然而其持之有故，其言之成理，足以欺惑愚众。”(《非十二子》)惠施主张“去尊”，荀子认为这不利于封建等级制度的建立，所以，荀子批判他们“不效法先王，不赞成礼义”。荀子主张“法后王”，但也提“法先王”，并且强调“礼义教化”。邓析“操两可之说”，“然不然而可不可”，所以荀子批判他的诡辩之学是：好制造古怪的学说、玩弄奇异的言辞，分析入微但不合乎情理，多言善辩但没有实际用处，忙忙碌碌而少有功效，不可以作为治理国家的指导原则；然而他们说起来还煞有根据，头头是道，足以欺骗迷惑无知的人们。在《解蔽》中还批判惠施“蔽于敌而不知实”，即不顾实际情况，玩弄奇词怪说，混淆是非然否，进行无用之辩。荀子在《正名》一文中，集中地批判了名家的诡辩倾向，阐发了自己的逻辑思想。

荀子自称儒家，但他对思孟学派也进行了尖锐的批判。他说，子思、孟子“略法先王而不知其统，犹然而材剧志大，闻见杂博。案往旧造说，谓之五行，甚僻违而无类，幽隐而无说，闭约而无解。”（《非十二子》）荀子说他们是粗略地效法先王而不得要领，然而还自以为才高志大，见识广博。依照古老的观点炮制学说，叫做“五行”，邪辟荒唐而不成体统，幽暗神秘而不可通晓，晦涩闭结而不可理解。据考证，按照五行，而附会出五常，乃为子思所倡导，为孟子所继承，所以荀子说：“子思唱之，孟轲和之。”（同上）

荀子作为新兴地主阶级的思想家，他从本阶级的利益出发，去各家之“蔽”，取各家之“见”，进行批判的继承，在综合百家之学的基础上，创立了自己的思想体系，为建立统一的政治、思想和文化，统一中国提供理论根据和制造舆论。

二、《荀子》的哲学思想

（一）从天人相分到人定胜天

在哲学上，荀子是先秦时期最杰出的唯物主义思想家。我国先秦时期的各派哲学主要以“天道”为中心来论述自己的哲学观点。孔子、孟子提倡“天命”，墨子提倡“天志”，他们宣扬“天”是有意志的，是主宰自然和社会的精神实体。老子、庄子则认为世界的本原是“道”，“道”是产生世界万物的精神实体。宋尹学派则认为“道”就是物质性的“气”，但是宋、尹学派在天人关系上完全否认人的主观能动作用，因而导致消极无为的错误结论。荀子批判宋、尹学派是“错人而思天，则失万物之情”（《天论》），就是说，他们抛弃了人的主观能动作用，只考虑到天，就不去了解万物的真实情况。同时批判了孔孟的“天命”观、墨子的“天志”思想，指出天道与人事是两不相干的，“天”是无意志的，同时又吸收了他们强调人的主观能动性的积极方面。从而建立了天道自然的唯物主义自然观和“制天命而用之”的认识论。

荀子说：“天地合而万物生，阴阳接而变化起，”（《礼论》）他认为自然界的起源和发展在于天地阴阳变化的结果；自然界的本原是物质的，是物质相互作用而产生的。他还进一步指出，作为物质的天地有自己固有的规律，是不依人的主观意志为转移的。他说:“天有常道,地有常数。”(《天论》)“天”就是列星、日月、四时、风雨、万物等自然变化的现象,是不受人的主观愿望所决定的。他说:“天行有常,不为尧存,不为桀亡。”(《天论》)又说:“天不为人之恶寒也,辍冬;地不为人之恶辽远也,辍广。”(《天论》)意思是说,天不因贤君或暴君而存亡;天也不因为人们厌恶寒冷就取消冬季,地不因为人们厌恶辽远就缩小面积,自然界及其规律都是客观存在的。

荀子否定天有意志的观点,他认为自然界的变化是本来就有的现象,根本没有什么神在那里主宰。他说:

> “星坠木鸣,国人皆恐,曰:是何也?曰:无何也。是天地之变,阴阳之化,物之罕至者也。怪之可也,而畏之非也。夫日月之有蚀,风雨之不适,怪星之党(同傥字,偶然)见,是无世而不常有之。”(《天论》)

荀子认为,像陨星落地、树木发出声音等很少出现的现象,人们觉得奇怪是可以的,但是觉得害怕是不对的。他说日蚀、月蚀的发生,刮风下雨不符合季节,奇怪的星星偶然出现,是各个朝代都常有的事情。他认为人的贫病祸福之类的事情都不是由天意决定的。他反对儒家“死生有命,富贵在天”的先验论。他说:

> “强本而节用,则天不能贫;养备而动时,则天不能病;循道而不贰,则天不能祸……本荒而用侈,则天不能使之富。”(《天论》)

荀子认为:加强生产,节约开支,天就不能使人受穷;衣食充足,活动适时,天就不能使人生病;遵循治国原则,始终如一,天就不能使人遇祸;生产荒废,奢侈挥霍,天就不能使人富裕。在他看来,自然界是不依人的主观意志为转移的,自然界有其固有的规律;但是,他并不认为人在自然及其规律面前是无能为力的,认为人可以通过自己的主观努力去改造自然,为人类造福。他提出了“制天命而用之”,人定胜天的光辉思想。他说:“大天而思之,孰与物畜而制之?从天而颂之,孰与制天命而用之?”(《天论》)意思是说,尊崇天而仰慕它,哪赶上把它当作物来看待而控制起来呢?顺从天而颂扬它,哪赶上掌握它的变化规律而加以利用呢?他主张要驾驭自然,制服“天命”,使它为人类造福,充分体现了新兴地主阶级在上升时期的革命精神,对于改变自然、发展生产充满前途和信心。他说:“天有其实,地有其财,人有其治,夫是之谓能参。”(《天论》)他认为,能够得到天时、地利、人和,人类就能与天、地三者相并立而毫无愧色。

概而论之,荀子在天人关系上体现出从天人相分到人定胜天的转变。那么在天人相分中,人是什么样的存在状态,人又怎样胜天呢?

(二)从“性恶论”到《劝学》

首先,荀子主张“性恶论”。他认为人性中本来就不包括像尊君、孝亲、守法、循礼等品质。他说人“生有而好利”,“生而有耳目之欲”,“目好色,耳好声,口好味,心好利,骨骼肤理好愉逸”(《性恶》),这就是人性。他认为,人性和封建的礼义是相违背的,因此,有必要来对人性进行改造和节制。他说:“人之性恶,其善者伪也。”(《性恶》)

其次,在怎样“制天命而用之”,怎样人定胜天,怎样在人性问题上惩恶扬善,怎样“化性起伪”的问题上,荀子依然继承了教育本体论,依靠教育来发挥人的主观能动性的思想。在《劝学》篇中,他对利用教育学习来弘扬人类的主体性,有过不少精辟论述。现摘如下:

> 君子曰:学不可以已(停止)。青,取之于蓝,而青于蓝;冰,水为之,而寒于水。木直中绳,车柔 以为轮,其曲中规,虽有槁暴,不复挺者,车柔 使之然也。故木受绳则直,金就砺则利,君子博学而日参省乎己,则知明而行无过矣。
>
> 故不登高山,不知天之高也;不临深溪,不知地之厚也;不闻先王之遗言,不知学问之大也……
>
> 积土成山,风雨兴焉;积水成渊,蛟龙生焉;积善成德,而神明自得,圣心备焉。故不积跬步,无以至千里;不积细流,无以成江海。骐骥一跃,不能十步;驽马十驾,功在不舍。锲而不舍,朽木不折;锲而不舍,金石可镂。蚓无爪牙之利,筋骨之强,上食埃土,下饮黄泉,用心一也;蟹六跪二螯,非蛇鳝之穴无可寄托者,用心躁也。是故无冥冥之志者,无昭昭之明;无惛惛之事者,无赫赫之功。行衢道者不至,事两君者不容。目不能两视而明,耳不能两听而聪。螣蛇无足而飞,鼫鼠五枝而穷……
>
> 百发失一,不足谓善射;千里跬步不至,不足谓善御;伦类不通,仁义不一,不足谓善学。学也者,固学一之也。一出焉,一入焉,涂巷之人也;其善者少,不善者多,桀、纣、盗跖也;全之尽之,然后学者也。(《劝学》)

由此可推出荀子从“人性”恶到“劝学”的哲学观。

他认为,一般的人只要通过学习,都可以成为像大禹那样的圣人。所以他说“涂之人可以为禹”(《性恶》)。荀子的“涂之人可以为禹”与孟子所说的“人皆可以为尧舜”不同。孟子认为，道德观念是天赋的，是生来就有的“善”性，只要启发人的“良知”、“良能”，就可以使人为善，以至成为圣人。而荀子则根本否定道德观念是先天的，他认为是后天学习得来的，后天环境对人性的善恶有决定的作用。在认识论上，荀子坚持反映论观点。他说：“凡以知，人之性也；可以知，物质之理也。”(《解蔽》)他认为人有能力认识客观事物，这是人所具有的本性；客观事物能够被人所认识，这是事物本身具有的道理。

在社会政治思想方面，荀子适应新兴地主阶级在全国范围内建立集中统一的政治统治的需要，提出了君主集权和在君主集权基础上实行礼制和法制相结合的地主阶级专政的理论。他以性恶论为根据，论证了实行君主集权制及其礼制和法制相结合的政治主张的必要性。他说：

> “人之性恶。故古者圣人以人之性恶，以为偏险而不正，悖乱而不治，故为之立君上之势以临之，明礼义以化之，起法正以治之，重刑罚以禁之，使天下皆出于治，合于善也。是圣王之治而礼义之化也。”(《性恶》)

他主张实行君主集权制，实行“明礼义”、“起法正”、“重刑罚”即“礼制”和“法制”相结合的封建地主阶级专政，并且强调要尚贤使能，把“隆礼”与“尊贤”并提。荀子认为，“礼”是社会发展的自然产物，是为了节制人的情欲，规定各种人的物质要求的限度而制定的。他说：

> “礼起于何也？曰：人生而有欲，欲而不得则不能无求，求而无度量分界则不能不争，争则乱，乱则穷。先王恶其乱也，故制礼义以分之，以养人之欲，给人之求。使欲必不穷乎物，物必不屈于欲，两者相持而长，是礼之所起也。”(《礼论》)

荀子认为，“礼”是适应规定财富等级的需要而建立的。他讲“礼”与孔子讲“礼”有根本不同的政治目的。孔子主张“复礼”，是要恢复奴隶制的统治；而荀子讲“礼”是要巩固新兴的封建社会秩序。他说：“礼者，法之大分，类之纲纪。”(《劝学》)荀子认为礼是法的纲领。他往往把“礼法”、“礼义法度”合起来讲，“礼”包括法。孔子把礼与刑对立起来；而荀子则把礼与刑罚统一起来，他说：“治之经，礼与刑。”(《成相》)可见，荀子的“礼”与“法”、“刑”相结合的理论是为新兴地主阶级的统治服务的。

第四章 《墨子》兼爱哲学述评

第一节 《墨子》和墨学简说

据《汉书·艺文志》记载，《墨子》一书为七十一篇，现存五十三篇。其中《兼爱》、《非攻》、《尚贤》、《尚同》、《非乐》、《非命》、《节葬》、《节用》等篇，代表了墨家学派兼相爱、交相利，反对战争，反对浪费，尚贤使能的主要思想。《耕耘》以下至《公输》各篇记述墨子及其弟子言行；《经》上下，《经说》上下及大小《取》六篇是后期墨学的哲学、科学著作，通行的注释本有清光绪年间孙诒让《墨子间诂》，集《墨子》论注之大成，是研究《墨子》的重要参考文献。

《墨子》一书的主要作者墨翟（约公元前480—公元前420年）是百家争鸣时墨家学派的创始人。墨子学识渊博，读书很多。据他自己说他曾看过成百个国家的历史。《墨子》一书中曾引有《诗经》《书经》上的话。据《墨子·贵义》中记载，墨子出游卫国，车箱里堆满了很多书，他的学生唐子看见了，觉得很奇怪，问道："先生带了这样多的书，为的是什么？"墨子回答说："以前周公旦做宰相，早上读书一百篇，晚上会见七十士……现在我既不当官，又不种田，岂敢废书不观！"

墨子能够采取批判地继承态度对待学问，求学各家，用其所长。他曾学于著名史官史角留在鲁国的后代，又曾"学儒者之业，通孔子之术"，"通六艺之论"（《淮南子·要略》）。后来他发现儒家所建立的维护贵族的礼、乐、丧葬的制度及其学说，是搞繁琐的形式主义，劳民伤财。于是墨子抛弃了"儒术"，创立了墨家学派。

参加墨家学派的人很多，墨子自称有弟子三百人。《吕氏春秋》中也说，孔墨"从属弥众，弟子弥丰"，可谓桃李满天下。当时墨家的影响并不弱于儒家。韩非子曾说："世之显学，孔墨也。儒之所至，孔丘也；墨之所至，墨翟也。"（《韩非子·显学篇》）在当时，墨子和孔子是分庭抗礼的，并且都为实现自己的政治主张而东奔西跑，寻找信任他们的君主，借助政治力量来实现自己的政治理想。

墨家是一个严密坚强的组织，组织的首领对于组织有绝对的权威。组织的成员大多数是来源于社会的下层。这个组织有如下的特点：

第一，生活艰苦。墨子以身作则，常常叫弟子穿短衣草鞋，昼夜工作，不辞劳苦。《庄子·天下》中说："以裘褐（粗布）为衣，以跂跃（草鞋）为服。"《吕氏春秋·高义》中说："度身而衣，量服而食。"他们工作日夜不休，以苦为乐。例如，墨子为了劝说楚国不要攻打宋国，就昼夜兼程不顾疲劳，两脚磨破，撕块衣裳，裹住脚再走，赶了十天十夜，由宋国到达楚国，制止了战争。鲁迅曾根据这个故事，写成著名的小说《非攻》，热情赞扬墨子的精神。第二，纪律严明。墨家的政治活动要遵守墨子的主张，如果有违反者，那就要受到批评或制裁。例如，墨子介绍胜绰当项子牛的部下，项子牛三次侵略鲁国，胜绰三次都参加了，违反了墨家的"天下兼相爱则治，交相恶则乱"（《墨子·兼爱》）的主张，墨子遂叫高孙去办交涉，免去胜绰的官职。又如，墨子介绍一个人到卫国去做工作，约定薪水是一千盆谷，但实际上只给他五百盆谷，这个人回来不干了，墨子知道批评他一顿，说他工作只计较个人利益。在组织内的每个成员，不能无视组织规定而轻举妄动，主张杀人者要处死。第三，言行一致。主张听其言，观其行。不努力实践墨子理论的人，不算好的信徒。墨子赞扬大禹，他说禹担任治水的官，亲自带头拿着水铲和畚箕去挖土，以疏通天下的河道，脚和大腿的毛都脱光了，淋着大雨，冒着大风，以安置万国。禹，大圣人啊，这样不辞劳苦地为着天下的人服务。墨子以大禹克己利人的精神为标准来教导他的弟子，并且立一条原则："政者，口言之，身必行之"。第四，牺牲精神。墨子认为，只要对大众有利的事，就是"摩顶放踵"，他们都在所不辞。他的弟子都具有英勇果敢、不怕牺牲的精神。《淮南子·泰族训》说："墨子服役者百八十人，皆可使赴火蹈刃，死不还踵。"第五，互助互济。他们认为有困难的人应当得到帮助。墨子的弟子做官得禄，也要送一部分给墨子的组织作为活动费用。

第二节　《墨子》哲学概论

墨子的学说有十条纲领，分为五类：一类为尚贤、尚同，一类为节用、节葬，一类为非乐、非命，一类为尊天、事鬼，一类为兼爱、非攻。所谓十条纲领，《墨子·鲁问》中作了扼要的说明："凡入国必择要从事焉。国家昏乱，则语之尚贤、尚同；国家贫，则语之节用、节葬；国家喜音湛酒，则语之非乐、非命；国家淫僻无礼，则言之尊天、事鬼；国家务夺侵凌，则语之兼爱、非攻。"

在社会伦理观点上，他反对以血缘关系为基础的宗法制度，提出"兼爱"的学说，认为人无分贵贱亲疏，都应该"兼相爱，交相利"。为了实现这一主张，他要求人们要做到：

> "视人之国若视其国，视人之家若视其家，视人之身若视其身。是故诸侯相爱则不野战，家主相爱则不相篡，人与人相爱则不相贼，君臣相爱则惠忠，父子相爱则慈孝，兄弟相爱则和调。天下之人皆相爱，强不执弱，众不劫寡，富不侮贫，贵不敖贱，诈不欺愚。凡天下祸篡怨恨可使毋起者，以相爱生也，是以仁者誉之。"（《墨子·兼爱》）

墨子认为实现共同相爱、交互相利的方法是：要把别人的国家看得像自己的国家一样，把别人的家看得像自己的家一样，把别人的生命看得像自己的生命一样。所以诸侯相爱就不会发动战争，大夫相爱就不会互相抢夺，人与人相爱就不会互相杀害，君臣相爱就会又惠又忠，父子相爱就会又慈又孝，兄弟相爱就会和睦。天下的人都相爱，强的就不会压迫弱的，人多的就不会劫夺人少的，富的就不会欺侮穷的，贵的就不会看轻贱的，诡计多端的就不会欺骗忠厚老实的了。只要做到这些，"兼相爱，交相利"就实现了。

墨子站在小生产者的立场上，幻想人们应该不分等级、远近亲疏，都共同相爱。他认为要一无差别地爱一切人。这在当时是根本不能实现的，只能是一种空想。

在政治思想上，他主张"尚贤"，即在任用官职、选拔人才时，要依据才能和高尚的道德品质为标准，反对贵族专政和"贵贵亲亲"的宗法政治，认为微贱的手工业者和农民，只要有才能的，也应当选择重用。这种思想观点是进步的。同时他还反对当时贵族们的繁饰（礼乐）和奢侈浪费的生活，提出了"非乐"、"节用"、"节葬"的主张。

在哲学上，他在宗教外衣下对天命论进行批判。他一方面崇拜上帝和鬼神，提出"天志"、"明鬼"；另一方面他又反对"天命论"的说教，主张"非命"。他提出以"力"对抗"命"，否定天命而强调人力。他说："赖其力者生，不赖其力者不生。"（《非命》）他认为人只要努力工作，就可以使生活得到富足和温饱。他针对儒家的"死生有命，富贵在天"、"命富则富，命贫则贫"的"天命"论说教，提出"强力从事"的思想。他认为富与贫、贵与贱、寿与夭，都不是命中注定的，而是人通过主观努力可以改变的。所以他说"强必贵，不强必贱"，"强必富，不强必贫"等。

在认识论上，墨子属于唯物主义经验论。墨子承认外部物质世界的实在性。在名实关系上，他认为"名"是从属于"实"的，他强调"耳目之实"的感性认识，把对外物的直接感觉看作认识的来源和根据，无疑是唯物主义的。但是，他过分夸大了感性认识的作用，认为只要是众人都感觉到的东西就是可靠的。他说："天下所以察知有与无之道者,必以众人耳目之实,知有与无为仪者也。请(诚)或闻之见之,则必以为有,莫闻莫见,则必以为无。”(《明鬼》下)他认为,凡是大家都听到、见到的就是真的,否则就是假的,是不存在的。这种夸大感性认识的作用,否认理性的作用的哲学史上把它叫做经验论。毛泽东在《实践论》曾指出:“如果以为认识可以停留在低级的感性阶级,以为只有感性认识可靠,而理性认识是靠不住的,这便是重复了历史上的‘经验论’的错误。”(《毛泽东选集》四卷合订本)

墨子提倡“言必立仪”,即要求判断事物的是非真假要有标准,他提出“三表”作为标准。他说:

> “言必有三表。何谓三表?……有本之者,有原之者,有用之者。于何本之!上本之于古者圣王之事。于何原之?下原察百姓耳目之实。于何用之?废(发)以为刑政,观其中(符合)国家百姓人民之利。此所谓言有三表也。”(《非命》上)

墨子认为,判断一种言论、知识的是非、真假有三个标准或标志。第一,要以前人的经验作为根据,即“上本之于古者圣王之事”作为判断标准。第二,要根据广大群众亲身的经验,即要根据“百姓耳目之实”来判断事物的真伪。第三,要考察实际应用的效果,看它是不是符合国家人民的利益,即“观其中国家百姓人民之利”作为判断的标准。墨子提倡“非攻”、“节用”,反对“以命为有”等等,都是用这一标准来衡量,即看它是否有利于国家和人民而提出来的。

墨子的“三表”的出发点是实证的。它要求认识从实际出发,判断是非应根据前人的经验、广大群众的经验和实际效果。从这里清楚地看到他的认识论是唯物主义经验论的认识论。墨子的第一“表”是间接经验,第二“表”是直接经验,第三“表”是实际效果。可见,他的“三表”,仍没有超出经验范围,没有划清感性经验和客观真理的界限,更没有去分辨古书记载的“圣王之事”和“百姓耳目之实”的真伪;同时也没有看到剥削阶级的国家和广大人民群众的利益是不能完全一致的。因而在现实中是不能彻底实行的。

墨子在逻辑学中也做出了卓越的贡献。他提出“类”和“故”的概念,并把它作为明判是非、审察异同的方法。他在辩论中,经常指出对方:“子未察吾方之类,未明其故者也。”(《非攻》下)他善于运用“类”概念和类比、类推的方法进行辩论,运用“故”概念追求事物的原因,使人们的思维在辩论中更具有逻辑性。这两个概念,在后期墨家那里得到进一步的阐述,对中国古代逻辑发展起推动作用。

第五章

《公孙龙子》和名辩哲学

第一节 《公孙龙子》和名辩学派简说

《汉书·艺文志》记载有《公孙龙子》十四篇，至宋代佚八篇，现存仅六篇，即《迹府》、《白马论》、《指物论》、《通变论》、《坚白论》和《名实论》。其中《迹府》一篇是后人的公孙龙事迹的传略。其余五篇为公孙龙自己所著。其中《坚白论》和《白马论》影响最大。作者公孙龙（约公元前320—公元前250年）与简子、邹衍是同时代人，是先秦百家争鸣时期名辩家的主要代表人物。

战国时期，秦用商鞅变法后，各国都相继进行了变法，从而使新兴地主阶级取得了政权。为了扩张势力范围，各诸侯国都进行掠土兼民的战争。连年的战争加深了人民的疾苦和灾难。在这种情况下，墨子首先提出“非政”、“兼爱”的主张，公孙龙继他之后，提倡“偃兵”，反对侵地兼民的战争行径。例如，公元前283年，他对秦王的“侵地”行为进行了揭露和谴责。据《吕氏春秋》记载：

“空雒之遇，秦赵相与约曰：‘自今以业，秦之所欲为，赵助之，赵之所欲为，秦助之。’居无何，秦兴兵攻魏，赵欲救之，秦王不悦，使人让（责）赵王曰：‘约曰：秦之所欲为，赵助之，赵之所欲为，秦助之。今秦欲攻魏，而赵因欲救之，此非约也。’赵王以告平原君，平原君以告龙。龙曰：‘以可以发使而让秦王曰：赵欲救之，今秦王独不助赵，此非约也。’”（《吕氏春秋·仲尼》）

当时，秦侵魏时，赵国从军事上援助魏国，反对秦国的侵地行为，根据公孙龙的意见展开辩争，并收到成效，迫使秦兵至大梁而还。

由于反战、“偃兵”的主张，大得民众之心，各诸侯国的统治者也接过这个口号，假借“偃兵”名义，麻痹敌方，借以积蓄力量，以备再战。公元前284年燕昭王口头上说要“偃兵”，而实际上却仍然在准备战争，公孙龙揭露昭王“口称善”而“实不为”

的言行不一的虚伪面目。同年赵惠文王对“偃兵”能否见成效产生怀疑，问说“兵不可偃乎？”公孙龙回答说：

> “偃兵之意，兼爱天下之心也，不可以虚名为也，必有其实。今蔺、离石入秦（二县叛赵入秦）而王缟素布（丧国之服）；东攻齐而得城，而王加善得酒。秦得地而王布急，齐亡地而王加膳，此非兼爱之心也。此偃兵之所以不成也。”（《吕氏春秋·仲尼》）

公孙龙回答说，赵国之所以没有收到成效，是因为没有真正实行“偃兵”，而是空喊偃兵口号十余年所造的，并不是“偃兵”的主张不对。公孙龙对各诸侯国的统治者，“名”为偃兵，“实”为备战，非常不满，他决心“欲正名实以化天下”。

战国时期是封建制社会代替奴隶制社会的社会大变革时期，许多事物旧有的“名”已经不能适应新的内容“实”了，同时许多新的“名”还没有得到社会的公认，使得社会领域中名实不符的现象特别突出。当时代表不同阶级的诸子各家都从维护本阶级的利益及其学术观点出发，企图解决“名”与“实”不符的矛盾；并且诸子名家为了战胜自已的论敌，都认真地研究名实关系，使名实问题的争论逐渐发展为认识论和逻辑学探讨，并逐步形成了名辩的思潮。

名辩学派的创始人，可以追溯到邓析，下迄程智、桓团、儿说、田巴、毛公、綦母子等人，特别是惠施和公孙龙一样，也是“名家”的最主要的代表。

惠施约生于周烈王六年（公元前370年），卒于周慎靓王三年（公元前318年），宋国人，曾经作过魏国的宰相，是战国时期“合纵”政策的一位实际组织者。他是一位很博学的人，经常和庄子进行辩论。他的事迹散见在《战国策》和《吕世春秋》中，他的学说主要保存在《庄子·天下篇》中。《庄子·天下篇》说：“惠施多方，其书五车。”这些书无论是他自已著的，还是别人的，都证明他是很有学问的人。惠施有十个命题：

> （1）至大无外，谓之“大一”；至小无内，谓之“小一”。
>
> （2）无厚不可积也，其大千里。
>
> （3）天与地卑，山与泽平。
>
> （4）日方中方睨，物方生方死。
>
> （5）“大同”而与“小同”异，此之谓“小同异”。万物“毕同”、“毕异”，此之谓“大同异”。
>
> （6）南方无穷而有穷。

(7)今日适越而昔来。

(8)连环可解也。

(9)我知天下之中央,燕之北,越之南是也。

(10)泛爱万物,天下一体也。

(任继愈:《中国哲学史》第1册,第70页)

惠施学说的特点是讲“合同异”,强调事物性质的“同”的这一方面。例如第五个命题的“‘大同’而与‘小同’异,此之谓‘小同异’;万物‘毕同’、‘毕异’,此之谓‘大同异’。”惠施集中地把各种事物之间的同和异的关系、“合同异”的思想作了概括性的论述。这一命题是说事物之间的一般的同异,相互比较起来,只能说“小同”、“小异”。例如,马和牛比较起来,有相同的一面,如都是走兽,这是“小同”;但也有不同的方面,这是“小异”。他把这种同异关系称之为“小同异”。至于推论万物,每个事物都有自己的差异;因而说是“毕异”,即它们之间都有差异;但是,它们之间又都有相同的,所以又称为“毕同”。这种同异关系,他称为“大同”和“大异”,即“大同异”。惠施看到事物之间的性质有不同的一面,又有相同的一面,事物的异同是相比较而存在的,是既对立又统一的。这种观点包含有辩证法思想。惠施的错误在于他割裂“同”和“异”的辩证关系,不是在“异”中把握同,而得出万物完全相同(毕同)的结论。把公孙龙和惠施思想相比较,更能理解名家学说。

第二节　《公孙龙子》辩论哲学概说

《公孙龙子》中,以名实论最能代表公孙龙所研究的哲学领域,以“白马论”中的“白马非马”和《坚白论》中的“离坚白”两个哲学命题,最能揭示出公孙龙的哲学思想。

《坚白论》主要阐述了他的“离坚白”的观点。《坚白论》中有这样一段对话:

“坚、白、石三、可乎?”

曰:“不可。”

曰:“二,可乎?”

曰:“可”

曰:“何哉?”

曰:“无坚得白,其举也二;无白得坚,其举也二。”

曰："得其所白，不可谓无白；得其所坚，不可谓无坚。而之石也，之於然也，非三也？"

曰："视不得其所坚而得其所白者，无坚也；拊不得其所白，而得其所坚者，无白也。"

曰："天下无白，不可以视石；天下无坚，不可谓石；坚、白、石不相外，藏三可乎？"

曰："有自藏也，非藏而藏也。"

从《坚白论》通过自设宾主的问答中，我们看到，公孙龙认为，坚硬、白色、石头三者不能有机地统一在一起，只能说"白色石头"或"坚硬石头"。因为，眼睛只能看到石头的白色，而看不到石头的坚硬，那也就没有坚硬了；而用手去抚摩，得不到它的白色，只能得到它的坚硬，那就没有白色了。所以，坚、色不能共同存在石头之中，从而得出坚硬和白色相分离（离坚白）的结论。在这里，公孙龙看到了事物和各种性质的区别，人的不同感官只能感知事物的特定性质，如眼睛只能感觉到颜色，触觉只能感觉到硬度等，无疑这是对的；但是他把同一事物所具有的不同性质彼此孤立起来，分割开来，在感觉分析上陷入形而上学思维误区。

《白马论》主要论述了"白马非马"这个命题。他说：

"白马非马，可乎？"

曰："可。"

曰："何哉？"

曰："马者所以命形也，白者所以命色也，命色者非命形也；故曰白马非马。"

曰："有白马，不可谓无马也；不可谓无马者，非马也？有白马不有马，白之非马何也？"

曰："求马，黄黑马皆可致；求白马，黄黑马不可致。使白马乃马也，是所求一也；所求一者，白者不异马也。所求不异，如黄黑马有可有不可，何也？可与不可，其相非明。故黄黑马一也，而可以应有马，而不可以应有白马，是白马之非马审矣。"（《白马论》）

他说："马是指形体的名称，白是指颜色的名称，不是指形体的名称，所以说'白马'不是'马。'"又说："如果要取马，黄马、黑马都可以送去了。如果说白马是马，那么要取的马是一样的。要取的马既然是一样的，白色的马和马就没有分别了。要取的马既然没有分别，那么黄马和黑马有时可以送去，有时不可以送去，又是为什么呢？可以和不可以，显然是相反的。所以把黄马和黑马看成一样，可以说作有马，而不可以说作有白马，那么，白马不是马，这就很明白了。”在这里，公孙龙看到了“白马”和“马”的区别。从逻辑学角度看，“马”这个概念比“白马”概念的外延要大，它包括白马、黄马、黄马、红马等各种颜色的马；“马”这一概念的内涵，只要求考虑马的形体，而“白马”这一概念的内涵除了要考虑马的形体之外，还要颜色。正如《白马论》所说：“求马，黄黑马皆可致，求白马，黄黑马不可致。”由此可见，“马”的概念和“白马”概念的内涵和外延是不同的。

公孙龙在《白马论》中，通过问答的形式，论证了“白马非马”的命题。在论述中他看到了“马”和“白马”是两个不同的概念，看到了一般和个别的区别，这在古代逻辑史上是一个了不起的贡献。但是公孙龙把这种区别加以夸大，把二者的对立绝对化，割裂了二者的联系，否认一般存在个别之中，从而得出“白马非马”的错误结论，陷入了形而上学诡辩论。

韩非子在《外储说左上》篇中写了一个“儿说骑白马过关”的故事，来讽刺“白马非马”命题中的诡辩观点。故事说：

> 儿说，宋人善辩者也，持“白马非马”也，服齐稷下之辩者。乘白马而过关，则顾白马之赋。故籍之虚辞，则能胜国一；考实按形，不能漫于一人。(《外储说左上》)

故事说，宋国的诡辩家儿说，以坚持“白马非马”的命题而闻名。他在参加齐国稷下学宫的学术辩论中，战胜了所有的论敌。但是，当他骑着白马通过关口时，被几个手持矛戟的士兵把他拦住，要他交马税钱。士兵根本不管他“白马非马”那一套，不交马税钱就不让他过关。这时，儿说只好老老实实地掏出钱来，照纳了马税才过关。按照韩非评论说，所以依靠虚伪的言辞和思想，固能够使一国人都屈服，但在客观考验和具体事实面前，却不能欺骗任何一个人。他指出“白马非马”命题是错误的。

唯物辩证法告诉我们，一般和个别是对立的统一。所谓对立，就是说，一般不等于个别，一般不是个别；也就是说，具体的个别的“白马”同抽象的一般的“马”是有区别的。正是在这个意义上，我们可以说“白马”不是“马”。但是，如果把二者的对立绝对化，否认二者的统一，并由此得出“白马不是马”的结论，那就错了。因为一般和个别不仅是对立的，而且是统一的。列宁指出：“个别一定与一般相联系而存在。一般只能在个别中存在，也只能通过个别而存在。任何个别(不论怎样)都是一般。任何一般都是个别的(一部分，或一方面，或本质)。任何一般只是大致地包括一切个别事物。任何个别都不能完全地包括在一般之中，如此等等。”(《列宁选集》第 2 卷，第 713 页)我们知道，作为一般的“马”这个概念，是从具体的个别的白马、黄马、黑马等等，抽出来的一般概念，它只能在个别的白马、黄马、黑马等各种颜色的马中存在。也就是说，具体的个别的白马、黄马、黑马中都包含着马的本质，都是马，所以应该说，“白马”也是“马”。

公孙龙在解决“名”的“实”的关系问题时，也表现出形而上学的思维方法。他一再强调立辞不得自相矛盾。他说：“故彼彼止于彼，此此止于此，可；彼此而彼且此，此彼而此且彼，不可。”(《名实论》)他认为，或此，或彼，不能两可。这是典型的形而上学观点。恩格斯曾指出：形而上学者是“在绝对不相容的对立中思维；他们的说法是‘是就是，不是就不是；除此以外，都是鬼话’。”(《马克思恩格斯选集》第 3 卷，第 3 页)在形而上学看来，肯定就是绝对肯定，肯定一切；否定就是绝对的否定，否定一切。彼就是彼，就不能有此；此就是此，不能有彼；二者是绝对对立的，不能有统一。

此外，在《庄子·天下篇》中，记载有“辩者二十一事”，是当时名辩学派特别是惠施和公孙龙争辩的题目。计有：

(1)卵有毛。

(2)鸡三足。

(3)郢(楚国都城)有天下。

(4)犬可以为羊。

(5)马有卵。

(6)丁子有尾。

(7)火不热。

(8)山出口。

(9)轮不碾地。

(10)目不见。

(11)指不至、物不绝。

(12)龟长于蛇。

(13)矩不方、规不可以为圆。

(14)凿不容枘。

(15)飞鸟之景，未尝动也。

(16)镞矢之疾而有不行不止之时。

(17)狗非犬。(《尔雅》说:“犬未成豪曰狗”。)

(18)黄马骊牛三。

(19)白狗黑。

(20)孤驹未尝有母。

(21)一尺之棰,日取其半,万世不竭。

上述“二十一事”的内容很复杂,又多是违反常识的命题,保留下来的又都是些片断,很难考证其原意。有些命题,尚有认证。如“鸡三足”。公孙龙在《通变论》中作了具体的论证。他说:“谓鸡足一,数足二,二而一,故三。”在这里,他区别了“谓”与“数”的不同。“谓”是一种通称,凡属同类的东西,从整体来看,无论多少,都可总称为一。“数”为要计算的单位,有几个就是几个。这样,鸡足“谓”一,足数为二,加起来为三,所以说“鸡三足”。同样道理可以推出“牛羊五足”。他说:“谓牛羊一数足四;四而一,故五。”(《通变论》)在这里,我们清楚地看到:“鸡三足”的错误在于,它把鸡足的共相看成是可以脱离具体的鸡足而独立存在的实体,把它当成是一个独立的东西,去和具体的鸡足数相加,而得出错误结论。因为现实中鸡足的共相“谓”、“一般”是不能离开具体的鸡足数,“个别”而单独存在的。此外,第(1)命题,“卵有毛”,很显然是错误的。其错误在于混淆了质变和量变的界限,把质变,看作量变。例如,“你说鸡蛋没有羽毛”,那么,为什么经过 21 天的孵化,小鸡雏怎么长羽毛呢?在公孙龙看来,鸡雏的羽毛,一定早就存在于鸡蛋之中,所以得出“卵有毛”的结论。又如,第(15)命题,“飞鸟之景,未尝动也。”里面包含着“动”与“静”的辩证法。毛泽东在谈到动和静的辩证法时曾说:“《庄子》的《天下篇》说:‘飞鸟之景,未尝动也。’世界就是这样一种辩证法;又动又不动,净是动没有,净是静也没有。动是绝对的,静是暂时的,有条件的。”(《毛泽东选集》第 5 卷,第 313 页)总之,在这“二十一章”中,包含着丰富的内容。它从正反两个方面反映了各种学派研究问题的深刻性和广泛性,标志人类认识的深化。

第六章 《韩非子》和法家哲学

第一节 《韩非子》简说

班固的《汉书·艺文志》记载,《韩非子》共有五十五篇。《隋书》、《新唐书》、《旧唐书》、《宋史》、《四库全书总目提要》均载为二十卷。现在流传的《韩非子》仍为二十卷,五十五篇。《韩非子》是先秦法家学说集大成之作,重要篇章有《五蠹》、《孤愤》、《解老》、《喻老》、《难势》等。主要是适应新兴地主阶级建立统一的中央集权制国家的政治需要,建立了以法治为中心的法、术、势相结合的政治思想体系。对该书重要的校释著作有清王先慎的《韩非子集解》,近人梁启雄《韩子浅解》,今人陈奇猷《韩非子集释》等。

《韩非子》一书作者韩非(公元前280—公元前233年)是战国时期的政治思想家、哲学家,亦为法家学说的集大成者。

韩非和李斯同是荀子门下的高才生。后来李斯做了吕不韦的舍人,后担任秦王政的廷尉(最高司法长官)、丞相等职;韩非为韩国公子,他看到韩国衰弱昏乱,并痛恨执法者不修明法制、行富农强兵之术,所养非所用,所用非所养。他曾多次向韩王建议,要任用贤人,富国强兵,变法图强,都没有被韩国采纳,于是他挥笔箸书,写了《孤愤》、《五蠹》、《内外储》、《说林》、《说难》等十余万言,阐述自己的思想和见解。《韩非子·问田篇》记载堂谿公劝韩非不要得罪昏君权臣,遭受祸害。韩非回答说:"我不怕昏君权臣,宁愿遭死亡的祸害,一定要替众庶百姓谋利益。"韩非所说的为"替众庶谋利"实际上是代表新兴地主阶级的政治思想,反对残余的领主的腐朽政治。韩非的著作传到秦国,正符合秦国的政治主张,秦王政赞叹不已,非常欣赏这些著作,说:"嗟乎!寡人得见其人,与之游,死不恨矣!"(《史记·老子韩非列传》)

秦王政为了能够收用韩非,便兴师攻打韩国。韩王为了解除急难,便派韩非出使秦国。秦王政见到韩非很高兴,但尚未重用。这时,原来已在秦国的李斯自知不如韩非，便在秦始皇面前进谗言，说韩非是韩国的公子，当然要设法保存韩国，不会为秦国尽力。秦王既要并吞诸侯，不如杀掉韩非，以绝后患。秦王政信了李斯的话，命令把韩非下狱治罪。李斯便趁此机会使人送药给韩非，要他自杀。韩非想要见秦王政，进行辩明，但未能得见。等到秦王政悔悟，下令赦免时，韩非已经自杀了。

韩非虽然没有来得及亲自辅佐秦王，推行自己的主张，发挥自己的政治才能，但是他的政治思想为秦始皇建立统一的中央集权的封建专制国家奠定了理论基础。

第二节 《韩非子》的哲学思想

在哲学上，韩非继承了荀子的《天论》中"天人相分"的哲学思想，批判地改造了老子的"道"，提出了唯物主义的自然观和认识论。

一、继承于老子——"道法"

司马迁在《史记》中将老子和韩非一起作传，而且还说"其归本于黄老"。李泽厚在他的《中国古代思想史论》中也专章"孙老韩合说"，他认为法家接过了《老子》政治层的"无为"含义上的人君南面术，并把它改造为进行赤裸裸统治压迫的政治理论，他将韩非称为"道法家"中的大人物。

老子的道论思想是老子整个思想的核心。《老子》"道常无名，朴……始制有名"，"有物混成，先天地生"，"人法地，地法天，天法道，道法自然"，"大道废，有仁义；智慧出，有大伪；六亲不和，有孝慈；国家昏乱，有忠臣"。老子这些道论思想向我们展示了老子所认为的道，它是万物的本体，而又无所不在，它有"无名"、"自然"的特点。同时，老子的道论思想是以无为思想和规律思想为依托的，是一个不可分割的整体。无为也就是无为而治，"圣人处无为之事，行不言之教，万物作而不辞，生而不有，为而不恃，功成而弗居，夫唯弗居，是以不去"，"是以圣人为而不恃，功成而弗居"，表明老子认为在上者应该无为而治，不但要对待人民如此，更要从内心里真正有无为的思想和意识。他还认为，只有君主主动愿意处于臣下之下，不与民争，这样臣民在君主面前也就不会惶恐不安，这样不争的结果自然就会"无不为"，得到很多东西。老子对规律的把握是很深刻的。一方面，他以辩证法的思想谈到了规律的相辅相成、互为依托，"有无相生，难易相成，长短相形，高下相倾，音声相和，前后相随"。另一方面，他也认识到物极必反的道理，"祸兮，福之所倚；福兮，祸之所伏，孰知其极？”

韩非对老子思想的继承有以下几方面的内容：

首先，韩非继承了老子的道论思想。他认同对儒家那一套仁、义、礼、乐所代表的道德伦理体系进行彻底的批判，同时对其进行了一定的改造。他提出自己的道论主张，认为道只不过是理的更高层次的说法，道的原则决定了理的表现形式。

其次，韩非还发展了老子的无为思想。他将这种无为思想发挥在君臣关系中，进一步丰富了其执二柄以御臣下的思想，正是君主对无为思想的贯彻。只要君主能够掌握赏和罚，其他的则任由群臣所为，这样才能真正地了解臣下的心理，既而达到对臣子的控制，再进一步由臣子达到对民众的控制。

最后，韩非在继承老子规律思想的同时，也将其充分发挥在自己的哲学思想中。相辅相成的辩证关系表现在君臣关系中同样是相互依赖又冲突不断的。而物极必反的顾虑则为韩非“国无常强，无常弱，奉法强者国强，奉法弱者国弱”的理论服务。

韩非对老子“道”的概念继承和韩非“道法”理论的建立，使我们不自觉地就会将其与西方的自然法联系在一起。西方自然法的概念，缘于与人定法的区分。古罗马的法学家盖尤斯认为，自然法是“根据自然的道理而产生的”。亚里士多德也认为自然法是有关自然存在的秩序的法律。而这里我们可以看到，“道”这个概念很接近西方人所谓的秩序。所以也就可以看出，在西方人那里代表永恒普遍的自然法，它所具有的特征也是韩非的“道法”所具有的。我们有理由相信，这两者在概念具有一定的可比性和对应性。

二、继承于荀子——“理(礼)法”

韩非作为荀子的弟子这一点，在学界得到了普遍的认可，虽然郭沫若等人对此还有一定质疑，但郭沫若也承认韩非是荀子理论上的继承者。

荀子是战国末期的大儒家，他的思想于他在世时就产生了很大的影响。司马迁说：“齐襄王时，而荀卿最为老师。”三为稷下学宫祭酒的荀子是当时思想界的泰山北斗。他的影响力还在于他拥有一批著名的学生，韩非、李斯都是当时大名鼎鼎的人物。韩非的思想虽然受荀子影响颇深，但他最终还是由老师的“儒”转入了“法”，成为法家的代表人物。

韩非对荀子思想的继承，包含三个方面的内容：

首先，韩非继承了荀子“人性恶”的观点。荀子认为“人之性恶，其善者伪也”。

他认为人生来就有欲望，正是因为这些欲望，促使人在得不到满足的时候进行抢夺，而那些邪恶的念头就是这样来的。同样，人生来也有趋利避害的本性，这也正是人欲望的体现。荀子认为“人性恶”包含三方面内容：其一，“生而有好利”，也就是说人生下来就是好利的，人们都是贪利、爱财；其二，“有好声色焉”，也就是说人生来就有好色之心；其三，“生而有疾恶”，即人生来就喜欢猜忌，有嫉妒之心。

韩非直接吸收了荀子的这种观点，深刻剖析了人的本性，认为趋利避害是人之常情，而医生吮吸患者的伤口也是利益驱动下的行为。而韩非的“法”哲学理论就是在这个基础上提出来的，是对人性的一种限制和约束。可以说，韩非更加强调好利这个人之恶性，并以此来构建自己的理论体系。

荀子和韩非都以“人性恶”为出发点，却得出了两个不同的结论，这也正是儒家和法家的根本区别之处。荀子认为“人性恶”，所以我们要“必将有师法之化，礼义之道，然后出于辞让，合于文理，而归于治”。而荀子认为教化的作用尤其重要，要“化师法，积文学，道礼义”。韩非则不同，他从“人性恶”的出发点，认为这样更明确了法律的重要性，更需要严刑峻法去保障社会的安定。

其次，韩非继承了荀子的天命观。荀子认为人类的天性是恶的，也是不相信天命的，这是针对当时的社会环境发出的不同的声音。殷周以来，统治者都把祭祀、占卜看做国家的头等大事，荀子对此却进行了激烈的批判。他在《天论》一文中说到：“雩为雨，何也？曰：无何也，犹不雩而雨也；日月食而救之，天旱而雩，卜筮然后决大事，非以为得求也，以文之也；故君子以为文，而百姓以为神；以为文则吉，以为神则凶。”荀子还对从人相貌推断人的吉凶祸福这种做法进行了无情的批判，他举了古代很多名人的相貌特点，对这种说法给予了严厉的反驳。

而韩非在这一基础上提出其法治理论。既然人性本恶又不信天，如此无所畏惧只会让人走上邪恶犯罪的道路，所以法治是必需的。韩非还继承了老师的“制天命而用之”，提倡人们去认识自然，从而改造自然。

再次，韩非继承了荀子有关“法”的四个方面的内容。其一，“法后王，一制度”，也就是法要前后一致；其二，“法无所凝止之，则奸言并至”，即法要有一定稳定性；其三，“上宣明则下置办”，也就是说法要公开公平地传达给每一个人；其四，“令行禁止，王者事”，也就是强调法的严肃性。

最后，韩非的法的思想，是在儒家“礼”的基础上发展而来的。荀子比孟子更为重视礼，他著有《礼论》，论证了“礼”的起源和社会作用。他认为，“礼”的力量来自“理”，“礼”包含了“理”，“理”成了“礼”的一部分。“礼也者，理之不可易者也”，也就是说，理是脱胎于礼的。荀子礼法并重，但又认为礼是法的前提，认为礼是根本，礼为重，法为轻。

韩非对荀子“礼”的思想的继承直接构成了他的“礼法”思想的形成。理是不同于道的，道指的是自然界的总规律，而理则是指世间万物的规律，是一物异于他物的原因。我们要认识万事万物，要行动取得成功，这都必须要掌握理。这也就是说，我们一定要依照客观规律和方法办事，才能事半功倍，取得良好的效果和作用。

韩非的“法”哲学思想是以老子之学为代表的“道—法”体系和以荀子为代表的“礼—法”思想体系共同作用的结果。老子所代表的思想从哲学基础层面奠定了韩非“法”哲学思想的核心。他们的“道生法”、“因道全法”是“道—法”体系的理论源泉，为韩非“道—法”体系的形成打下了扎实的基础。荀子的“礼—法”体系则是全然不同于“道—法”体系。他的法是与儒家所推崇的礼制相结合的。荀子虽然继承了孔子的礼制思想，但是出于现实社会“礼崩乐坏”的需要，这就必须在礼制之外再辅以法治。“礼—法”体系也是韩非“法”哲学思想的一个源泉。但是，我们应该看到，韩非“法”哲学思想从根本上应该归于“道—法”体系，但又不能用“道—法”体系完全加以概括，仍是“道—法”体系和“理—法”体系共同作用的结果。

三、法、术、势相结合的法家哲学

在社会历史观上，韩非具有反对“是古非今”的复古主义的进步历史观。他认为历史是不断发展变化的，不是倒退的，因而复古是不可能的。他说：“今有构木钻燧于夏后氏之世者，必为鲧禹笑矣。有决渎于殷周之世者，必为汤武笑矣。然则今有美尧舜汤武之道于当今之世者，必为新圣笑矣。”(《韩非子·五蠹》)意思是说，时代是不断发展和进步的，随着朝代的更替，社会生活和政治制度的变化，复古主义是行不通的。他批评了“法先王”的主张，他说，“圣人不期修古，不法常可，论世之事，因为之备”(《韩非子·五蠹》)。他认为圣人不要求遵循古代和拘执固定的东西，而是根据当时的实际情况采取适当的措施。他说：“无参验而必之者，愚也；弗能必而据之者，诬也。故明据先生必定尧舜者，非愚则诬也。”(《韩非子·显学》)他认为主张复古主义的是愚蠢的。这种思想体现了新兴地主阶级改革旧制度的进取精神。

《史记》说韩非“喜刑名法术之学，其归本于黄老”(《史记·老子韩非列传》)。那么，也可以说五十五篇《韩非子》就是这种刑名法术之学的总结。从韩非来讲，他目睹当时社会尖锐矛盾，亲历韩国政治斗争，研究各国历史现状，“观往昔得失之变”,使他以极为清醒冷静理智的态度来看待一些根本的社会哲学和政治哲学问题。从负面人性的揭示到法术势严酷利己主义哲学的提出,就是这种政治性观察的结果。

(一)“天下熙熙,皆为利来;天下攘攘,皆为利往”的功利哲学

韩非以利益、功利为基点来解释人类历史和社会发展,认为人与人最基本的关系就是利益关系。他用两个近乎极端的例子来证明自己的看法。

一是对于古代圣贤的看法。韩非认为古代圣贤把天下主动让来让去(如尧让位于舜)并不是他们道德水平高尚,而是当时作头领没有什么好处,而且要比别人更辛苦,这样才出现让天下的事。如果像现在这样谁也不会把天下让出来。

二是对于情感的否定。韩非认为说到感情,最深厚的无过于父母和子女了,可为什么生了男孩则相庆,生了女孩则溺死呢?这是因为男孩能够给父母带来深远的利益,父母这样做也是“虑其长便也”。

韩非用和老子一样的态度来观察社会,但却体现出更为冷酷的利己主义观点:天下人来来往往无非趋利,满足自己的自然愿望。如果不加严厉节制,自然会天下大乱,所以要严刑重法,才能统治和管理天下,这使韩非法家思想的逻辑越来越明晰了。

(二)法、术、势相结合的法家政治哲学

春秋战国以来,随着新兴地主阶级的逐渐壮大,代表地主阶级的法治思想也开始发展起来。郑国有子产作的《刑书》,魏国有李悝作的《法经》,都是最早反映地主阶级法权的著作。楚国用子夏的弟子吴起进行变革。战国中期,商鞅强调实行法制,申不害强调术(技术),慎到强调势(权势)。韩非总结先秦地主阶级专政的经验,提出以法治为中心的法、术、势相结合的政治主张。他指出:申不害只讲术,不重视法,致使国内“奸多”。他说:“申不害不擅其法,不一其宪令,则奸多。”(《韩非子·定法》)而商鞅,只讲法,不讲术,虽有法以致富“然而无术以知奸,则以其富强也资人臣而矣”,结果是“战胜则大臣尊,益地则私封立”。因此,韩非指出:“君无术,则弊于上;臣无法,则乱于下。此不可一无,皆帝王之具也。”(《韩非子·定法》)就是说,没有统一法令不能治民防奸;而只注重成文法,君主不操其统治官吏的权术,就不能防止大臣发展他们个人的势力,这样对君主的专制权是不利的。

韩非把法视为政权统一的最好标准。他说:“法者,宪令著于官府,刑罚必于民心,赏存乎慎法,而罚加乎奸令者也。”(《韩非子·定法》)即法是全社会必须遵循的标准。谁违反了就应当处以刑罚,直至处死。韩非把法令叫做“名”,根据法令进行

赏罚，叫做“刑”，法是赏罚的标准，“名”是“刑”的根据，刑必须合乎名。韩非把它称为“刑名之术”。所谓“术”是国君根据“法”控制官僚的手段。他说：“术者，因任而授官，循名而责实，操杀生之柄，课群臣之能者也，此人主之所执也。”（《韩非子·定法》）“术”和“法”不同，法是公开的，而术是隐蔽的。他说：“术者，藏之于胸中，以偶众端，而潜御群臣者也。”（《韩非子·难三》）有了“术”就可以把一切权力集中起来，实现国君独揽政权。

韩非认为“法”和“术”的实施，必须以掌握政权为前提，而且必须为政权服务。所以他又主张“法”和“术”必须同“势”结合。所谓“势”，就是政权，“乘势”就是掌握政权。慎到曾指出“势”，即掌握政权的重要。他说：“飞龙乘云，腾蛇游雾。云罢雾霁而龙蛇与螾螘同矣。”“尧为匹夫不能治三人，而桀为天子能乱天下。”（《韩非子·难势》）他比喻说，国君离开“势”，就如同离开云的龙，没有雾的腾蛇，会同蚓蚁一样，不能腾云驾雾；像尧这样的圣人离开政权，连三个人也管不了；可是位居国君的桀却能乱天下。所以，韩非主张法、术、势相结合。韩非的这一思想，是封建专制主义统治的最完整的概括。它为新兴地主阶级建立中央集权的君主专制统治，提供了理论根据。所以，秦汉以后，一些精明的统治者尽管表示不去宣扬，但人都暗中实行韩非的学说。

第二编

汉代哲学论著和无神论哲学发展

第七章 《春秋繁露》和汉代神学目的论哲学

第一节 《春秋繁露》简说

汉初，在朝廷和各地诸侯王那里，先秦各派学说都逐渐活跃。统治者也在汲取秦朝被农民起义推翻的教训，为了适应对农民实行某些让步的需要，黄老学派成为居于支配地位的思想。如盖公、陆贾主张“无为”，就是这一思想的代表；淮南王刘安和他的宾客集体写作的《淮南鸿烈》是这一思想的继续。随着社会经济的发展和封建制度的巩固，封建统治阶级不满足于“无为而治”、“与民休息”的政治主张，他们对外要反对匈奴的侵略掠夺，对内要加强中央集权，以巩固他们的封建专制统治。

董仲舒适应封建统治阶级建立中央集权制的需要，提出“君权神授”和“罢黜百家，独尊儒术”的主张，并用“天人感应”、“君权神授”、“大一统”的神学目的论思想来论证，为统治者维护统一建立中央集权找到了相适合的思想内容和理论重心。他的思想集中反映在《春秋繁露》这本书中，另外，在《汉书·董仲舒传》记载着他的《举贤良对策》及《董子之集》，可作为研究董仲舒哲学思想的佐证材料。

《春秋繁露》共十七卷，八十二篇，但篇名与《汉书·艺文志》及董仲舒本传所记载的不尽相同。书名的含义是采撷《春秋》这棵大树上的众多的甘露，即对《春秋》的衍义、解释，事实上其名虽本于《春秋》，但内容大多与《春秋》无关，而多推崇公羊学，阐发“春秋大一统”之旨，从具体内容上看，包括“三纲”、“五常”、“三统”，“性三品”等理论。这些思想既是对儒家思想的神秘化，又是董仲舒杂凑阴阳五行学说，对自然人事作各种比附，宣传“天人感应”论的神学目的论体系。从此孔子的儒家思想，经过董仲舒的改造，而成为中国封建地主阶级统治中国人民两千多年的统治思想。

第二节　“天人感应”的神学目的论

董仲舒通过把孔子神化，把孔子的儒家学说宗教化，把封建专制制度理论化，在改造儒家“天命”论的基础上，建立起一整套君权神授“天人感应”的神学目的论。

他说“天”是宇宙万事万物的创造者和主宰者。他说：

“天者，百神之君也，王者之所最尊也。”(《春秋繁露·郊义》)

“天者，百神之大君也，事无不备，虽百神犹无益也。”(《郊祭》)

他认为“天”是有意志、有人格的至高无上的神，提出了“天志”和“天意”的概念，他把一切自然和社会现象都说成是“天”有目的创造的，提出“天”是“万物之祖”，是人的“曾祖父”。他把自然界的现象都按照目的论的要求给它加上封建社会的伦理道德属性。如他把一年四季的寒暑变化、四时运行，都说成是一种有目的的、具有道德意义的。他说：

“春，爱志也；夏，乐志也；秋，严志也；冬，哀志也。故爱而有严，乐而有哀，四时之则也。”(《天辨在人》)

董仲舒进一步提出“人副天数”说。他认为“天”所以生人类，是为了实现天的意志，“天”按照自己的形象创造了人，人是“天”的缩影，是“天”的复制品。所以他说：

“人之为人，本于天，天亦人之曾祖父也，此人之所以乃上类天也。人之形体，化天数而成；人之血气，化天志而仁；人之德性，化天理而义；人之好恶，化天之暖清；人之喜怒，化天之寒暑；人之受命，化天之四时。人生有喜怒哀乐之答，春秋冬夏之类也。喜，春之答也；怒，秋之答也；乐，夏之答也；哀，冬之答也。天之副在乎人，人之情性有由天者矣。”(《人为者天》)

又说：

“天以终岁之数成人之身，故小节三百六十六，副日数也；大节十二分，副月数也；内有五藏，副五行数也；外有四肢，副四时数也；乍视乍瞑，副昼夜也；乍刚乍柔，副冬夏也；乍哀乍乐，副阴阳也；心有计虑，副度数也；行有伦理，副天地也。”(《人副天数》)

总之,“天”完全依照它自己的模型塑造了人类。人类的形体、精神、思想感情、道德品质等等,都被董仲舒说成是“天”的复制品,是与天相符合的。

董仲舒不仅论证了“天”按照自己的形象复制了人类,而进一步论证了“天”为了能使人类生存和生活下去,又创造了万物。他说:

“天地之精所以生物者,莫贵于人。”(《人副天数》)

“天地之生万物也,以养人,故其可食者以养人体,其可威者以为容服。”(《服制象》)

“天之生人也,使之生义与利,利以养其体,义以养其心。”(《身之养重于义》)

董仲舒用“天人感应”的神学目的论,论证了“君权神授”,从而给封建统治制度涂上一层宗教保护色。他说“天”不仅创造了自然界和人类社会,而且还给人类社会设立一个具有最高权力的“君主”。君主有代“天”实行赏善罚恶的至上权力。他说:

“王者,承天意以从事”。“天以天下予尧舜,尧舜受命于天而王天下。”(《尧舜汤武》)

“受命之君,天意之所予也,故号为天子者,宜视天如父,事天以孝道也。”(《深察名号》)

他把人世间的君主,说成是“天”的儿子,所以叫做“天子”,是“天”派到人间代替“天”实行赏罚的。“天”和君主的关系就如同父亲和儿子的关系一样,因此,君主对天要实行孝道,要按照“天”的意志办事。他说,天的主宰和意志通过阴阳五行的变化得以显现。

“在故明阴阳入出虚实之处,所以观天之志,辨五行之本末顺逆,小大广狭,所以观天道也。”(《天地阴阳》)

统治者的行为如果违反了“天”的意志,就必然引起天的震怒,于是就会出现各种灾异,以表示天对君主的谴告和惩罚。他说:

“天地之物,有不常之变者,谓之异。小者谓之灾,灾常先至,而异乃随之。灾者,天之谴也,异者,天之威也……凡灾异之本,尽生于国家之失。国家之失,乃始萌芽,而天出灾害以谴告之。谴告之而不知变,乃见怪异以惊骇之。惊骇之尚不知畏恐,其殃咎乃至。”(《必仁且知》)

可见，董仲舒的“天人感应”神学目的论，一方面，宣称君权是神授的，是“天”有目的安排的，以此来论证封建统治制度的合理性。另一方面，力图假借“天”的神威来限制封建统治者。他提出“屈民而伸君，屈君而伸天”的主张。他说“天”不是为了君主而生人民的，而是为了人民而设立君主的。能够给人民以好处的君主，“天”才让他继续统治下去；而不能给人民以好处的君主，“天”就会夺去他的统治地位。虽然，董仲舒的这些说教，目的应该不是为了人民的利益，而是从统治阶级的长远利益出发，为巩固中央集权制的封建统治服务的，但要求君主重视人民利益，亦有其合理因素。

董仲舒为了论证封建的伦理道德是符合天意的，他给“天”也加上伦理的属性。他说天的根本特性就是德，以德为本，而德的根本观念就是作为封建道德最高范畴的“仁”。他说：“仁之美者在于天；天，仁也。”(《王道通三》)他以此论证“天”是仁德的，因此作为替天行道的君主也必须以仁德治理天下，要做到孔子所说的仁者要“爱人”。(《论语·樊迟》)他把孔子的君君、臣臣、父父、子子的伦理纲常和仁义道德思想，系统化为“三纲五常”的学说。他用“阳尊阴卑”来论证“三纲五常”是符合天意的。他说：

> “天道右阳而不右阴。”“阳不出也，常悬于前而任事；阴之出也，常悬于后而守空处。此见天之亲阳而疏阴，任德而不任刑也。”(《基义》)

也就是说，阳永远处于主导的地位，而阴永远处于从属地位，阳为阴纲，这是天意的安排。他说：

> “阴者阳之合，妻者夫之合，子者父之合，臣者君之合。”(《基义》)

阴只能服从阳，并作为阳的对立面而存在，所以说：“阴者，阳之合也”。他认为，君为阳，臣为阴；夫为阳，妻为阴；父为阳，子为阴。所以君为臣纲，夫为妻纲，父为子纲。“王道之三纲，可求于天。”(《基义》)“三纲”是完全符合“天”的意志的。人们按照封建的伦理“纲常”的道德去做，就是按照天的意志去做；否则违反封建伦理道德，也就是违反天意，是要受到惩罚的。

董仲舒还用他的神秘的阴阳五行说论证封建社会德刑并用的统治手段的合理性。他说，万物统一于五行(木、火、土、金、水)，五行统一于阴阳，阴阳统一于天。阳为天的恩德的表现，阴为天的刑罚的表现。“阳为德，阴为刑，刑主杀而德主生”(《汉书·董仲舒传》)。以此来论证封建统治阶级施德、施刑是完全符合天意的。他还进一步论证封建伦理道德是与天长存，永远不变的。他说：“道之大原出于天，天不变，道亦不变。”(《举贤良对策》)毛泽东在《矛盾论》中指出，这种“形而上学思想，曾经长期地为腐朽的封建统治阶级所拥护”(《毛泽东选集》第1卷，第289页)。

董仲舒的“天人感应”神学目的论，继承了孔子的“天命”观，发挥了孟子、邹衍以来的天人合一的思想，并且对当时的天文学、数学、医学、物理学等自然科学的成果加以歪曲，把天和人的关系说成是目的论的关系。这是对先秦以来的有神论的天道观，即承认有一个可以发号施令的上帝为人类赏善罚恶的思想的系统化和理论化。

“天人感应”神学目的论，认为“天”生一切事物和封建伦理道德都是为了人类的。这同18世纪德国沃尔弗式的目的论一样，是非常荒谬可笑的。恩格斯曾嘲笑说：“根据这种理论，猫被创造出来是为了吃老鼠，老鼠被创造出来是为了给猫吃，而整个自然界被创造出来是为了证明造物主的智慧。”(《马克思恩格斯选集》第3卷，第449页)

第三节　“性三品说”的人性论哲学

在人性问题上，董仲舒是继荀子之后第二个写有人性论专著的思想家，在《春秋繁露》中有《深察名号》、《实性》两篇专题论文。董仲舒发挥了孔子的“性相近也，习相远也”，“唯上智下愚不移”的人性论，并把它加以神秘化，创立了“性三品”说。他把人性分为三类：一类是情欲很少，不教而能为善的，是“圣人之性”；一类是虽有情欲，但可以为善可以为恶的，这是“中民之性”；一类是情欲多，虽教也难以为善，只能为恶的，是“斗筲之性”。所以他认为，从“质朴之谓性”的严格意义说来：

> “圣人之性，不可以名性。斗筲之性，又不可以名性。名性者，中民之性。中民之性如茧如卵，卵待覆二十日而后能为雏，茧待缫以涫汤而后为丝，性待于教训而后能为善。善，教训所然也，非质朴之所能至也。”(《实性》)

可见，“性三品”说，是在论证统治阶级是“生而知之”的圣人；而劳动人民则是不可教诲的恶人。德教只能施用于所谓“中民”的中间层阶级。只有具有“圣人之性”的统治阶级，才有资格充当“治人者”和教化的立法者。所以他说：

> “天生民性，有善质而未能善，于是为之立王以善之，此天意也。民受未能善之性于天，而退受成性之教于王，王承天意，以成民之性为任者也。”(《深察名号》)

以此话来论证封建统治者根据天意来教化奴役人民是天经地义、不容置疑的。其哲学意义是人是受命于天的，所以，天是人性的逻辑起点，是他人性论的根据。就是说他自觉地将自己的人性论建立在“天人合一”的宇宙观上。

董仲舒生活在封建统治制度已经巩固的时代。这时封建统治阶级已经不需要把精力放在同奴隶主的残余势力斗争上了，而是要把精力放在防止劳动人民的反抗和本阶级内部的分裂上。董仲舒的理论思想是这时统治阶级思想的反映，因而他的整个思想体系是保守的。但是他对当时的阶级矛盾日趋尖锐有清楚的认识，所以他指出：

> “故贫民常衣牛马之衣，而食犬彘之食。重以贪暴之吏，刑戮妄加，民愁亡聊，亡逃山林，转为盗贼……”

他主张：

> “限民名田，以澹不足，塞兼并之路……去奴婢，除专杀之威，薄赋敛，省徭役，以宽民力。”(《汉书·食货志》)

董仲舒的这些主张尽管是为封建统治者设计的，但这在当时都是比较进步的思想。他的“大一统”思想，在我国历史上也起过积极作用，不能一概否定。

第八章

《史记》和中国历史哲学

第一节 《史记》简说

中华民族是人类历史意识最发达的民族。我们的祖先很早就重视修史的传统，加上历代大政治家和大学者的提倡，使史学(包括历史理论、史料学、编撰学、历史文学)极为发达。而历史理论是史学中的核心部分，它首先要研究的是史学领域的哲学问题，如历史进程有无规律、天人关系、人在历史发展中的作用等等，《春秋》、《左传》中都有深刻而丰富的哲学思想。中国历史哲学的基本精神，就是秉笔直书，注意鉴戒垂训的作用，强调史学家既要有才、学、识，又要有尊重客观，反对主观武断，提倡实事求是。只有坚持"实录"，不惧权贵，不讲情面，同时知识渊博、深思明辨，才能正确解决历史中的哲学问题，起到史学著作的教育作用。

太史公的《史记》，不但"网罗天下放佚旧闻"，更重要的是"稽其成败兴坏之理"，"欲究天人之际，通古今之辩，成一家之言"，全书包括本纪、书、表、世家和列传，共一百三十篇，五十二万六千五百字。其中十二本纪，记述历代帝王的政绩；十表，排列各个朝代的大事；八书，记载典章制度、天文、历法、水利、经济等方面的情况；三十世家，主要是诸侯国的历史和汉代开国功臣的传记；七十列传，是不入本纪、世家的各种人物的传记，还有少数民族和邻邦的历史记述。

第二节 《史记》历史哲学的基本观点

在哲学思想上，司马迁继承了他父亲司马谈的"秉笔直书"思想。他主张批判地吸收先秦各家思想的长处和优点。他对先秦各家评论说：

"夫阴阳、儒、墨、名、法、道德，此务为治者也，直所以言之异路，有省不省耳。尝窃观阴阳之术，大祥而众忌讳，使人拘而多所畏；然其序四时之大顺，不可失也。儒者博而寡要，劳而少功，是以其事难尽从；然其序君臣父子之礼，列夫妇长幼之别，不可易也。墨者俭而难遵，是以其事不可偏循；然其彊本节用，不可废也。法家严而少恩；然其正君臣上下之分，不可改矣。名家使人俭而善失真；然其正名家，不可不察也。道家使人精神专一，动合无形，赡足万物。其为术也，因阴阳之大顺，采儒墨之善，撮名法之要，与时迁移，应物变化，立俗施事，无所不宜，指约而易操，事少而功多。”(《史记·太史公自序》)

他对汉时社会流行的六大学派，逐一地进行分析评说，主张要扬其长，避其短，“一致而百虑，同归而殊途”，建立适合当时汉代封建王朝的思想体系。

在自然观方面，司马迁认为天地万物不是由超现实的精神性实体或上帝创造的，而是由于物质世界本身的原因形成的，认为世界是物质的。他说：“乃合大道，混混冥冥，光耀天下，复反无名。”(《史记·太史公自序》)他认为有名的自然界的物质是由无名的“混混冥冥、光耀天下”的原始的“气”而形成的。

在形神关系上，他认为：“凡人所生者神也，所托者形也。神大用则竭，形大劳则敝，形神离则列。死者不可复生，离者不可复反，故圣人重之。由是观之，神者生之本也，形者生之具也。”(《史记·太史公自序》)他用朴素唯物主义的“精气论”来说明形神关系，把精神理解为细微的物质精气，人有生命在于人有精气，精气表现为精神活动。人身失去了精气，精神也就散亡了，即“形神离则死”。他认为精神来源于“混混冥冥”的气，精神也是物质的，因而他作了庸俗唯物主义的理解，是不科学的。但这在反对当时的宗教神学把人的精神说成是超自然、与上帝或鬼神联系起来的唯心主义说教，具有积极的进步的作用。辩证唯物主义认为，物质是精神的本原，精神离不开物质；但是精神不是物质，精神是特殊物质人脑的机能和属性。如果把精神也看成是物质，就要犯庸俗唯物主义的错误。

司马迁不仅认为自然界是物质的，而且认为它有自己的规律。他说：“夫春生夏长，秋收冬藏，此天道之大经也。弗顺则无以为天下纲纪。故曰四时之大顺，不可失也。”(《史记·太史公自序》)他认为自然界有其不依人的意志为转移的客观规律，人们必须按照这些规律办事。他还根据丰富的天文学知识，说明天体运行是有规律可循的。他通过对天象、星座位置的观察，说明天象运行并不是神秘莫测的，而是可以根据它的规律由人类推算出来的自然现象。《史记·天官书》和中国古代第一部记载星象的著作《甘石星经》具有同等不朽的价值。《史记》中精确地记载着几百个星体、星座，并指出它出现的时间和季节运行的规律。

司马迁清醒理智的历史哲学始终高扬的是历史主义的理性精神，它的贡献至少有两个：一是对当时神学目的论的谶纬神学的批判，二是奠定了中国历史哲学的基本精神。

司马迁从朴素的唯物主义立场出发，对于神学目的论给予无情的批判。如在《史记·项羽本纪》中，记载项羽失败时说："此天亡我，非战之罪也。"接着司马迁就指出项羽失败的原因是人而不天。他说："自矜功伐，奋其私智而不师古，谓霸王之业欲以力征经营天下，五年，卒亡其国。"(同上)他认为项羽把失败原因归于"天意"是非常荒谬的。又如在《史记·蒙恬列传》中，蒙恬被秦二世赐死时，蒙恬认为是他修长城和修驰道时曾经堑山堙谷，犯下"绝地脉"的报应。对于这种迷信思想司马迁也给予批驳。他说："夫秦之初灭诸侯，天下之心未定，痍伤者未瘳，而恬为名将，不以此时强谏，振百姓之急，养老存孤，务修众庶之和，而阿意兴功，此其兄弟遇诛，不亦宜乎！何乃罪地脉哉？"(《史记·太史公自序》)认为蒙恬的死不是"罪地脉"造成的，而是因为他身为名将，不对秦王强谏，让百姓休养生息，而一味阿意兴功，才使自己遭到诛戮。司马迁根据对大量历史事实的分析和对当时社会现象的观察，对当时统治阶级宣扬的善恶祸福因果报应的道德教条提出怀疑。他在《史记·伯夷列传》中指出，如果"天道有知"，"天之报施善人"，为什么伯夷叔齐这样的"善人"反而饿死呢？而当时社会上许多坏人却终生或世代享受富贵呢？他在《悲士不遇赋》中对当时社会上一些不合理现象，更沉痛地表示："何穷达之易惑，信美恶而难分"，进一步否定了天有意志，认为天道、人事都有自己的规律，不能由人的愿望去任意安排。

在社会历史观上，他认为决定人类命运的，首先是人类自己，而不是天和鬼神的力量。他说："国之将兴，必有祯祥——君子用而小人退；国之将亡，必有妖孽——贤人隐而乱臣贵。"(《史记·楚元王世家》)他把具有迷信思想的"祯祥"改造为是"君子用、小人退"政治清明的景象，而不是什么祥瑞符命的出现；把"妖孽"称为是"贤人隐、乱臣贵"的政治昏暗的景象，而不是什么妖魔鬼怪。这对当时社会上流传的神怪决定国家兴亡的宗教思想给予针锋相对的批驳，表现出清醒、冷静、理智的历史哲学精神，对后世历史哲学的发达起了非常积极的作用。

第九章 《论衡》和汉代无神论哲学

第一节 《论衡》简说

有神论和无神论的辩争，历来是中国哲学史中的焦点问题。从先秦到近代，这个争论延续了几千年。一方面，有神论是历代统治者所提倡的，建立了比较庞大甚至精致的思想体系；另一方面，无神论在与有神论的争辩中，由于科学与哲学的发展而逐渐扩大了自己的阵地，成为中国哲学史上富有光彩的一页，留下了许多无神论的论著。

东汉哲学家王充集三十年心血写成的《论衡》应视为中国哲学史上无神论的巨著。《论衡》的哲学含义就是“论真理的标准”，全书共三十一卷，八十五篇，其中的《招致篇》仅有其名，实际仅存八十四篇，全书共二十余万字。在这一巨著中，王充站在无神论的立场，对于传统的儒学以及当时盛行的谶纬迷信、神学目的论等一切陈腐的思想都给予尖锐的批判。他在《问孔篇》、《刺孟篇》篇中，对于儒学的始祖孔丘和孟轲进行了公开的批判。他提出：“追难孔子，何伤于义？”“伐孔子之说，何逆于理？”他宣判了孔丘之言是“虚妄不实”，孟轲之论是“浮淫之语”。对于孔孟的唯心主义天才论，汉儒董仲舒的“天人感应”的神学目的论，都一一地作了揭露和批判。

《论衡》一书，吸取了当时的自然科学知识，如天文学、历法、数学、医学的最新成果和民间的智慧，批判地吸收了各家的学说，逻辑地论证了宗教迷信的虚妄，从而丰富和发展了古代朴素唯物主义和无神论的思想，应视为汉代无神论哲学的最高成就。

第二节 “元气论”的自然哲学

王充发展了荀子的唯物主义哲学思想，区分天道和人道的不同，进而建立起

"元气"自然论的哲学体系。

在世界本原上,王充提出"元气"是天地万物的原始的物质基础。天地实体和自然界万物,都是由元气构成的。他说:

"夫天者,体也,与地同。天有列宿,地有宅舍。宅舍附地之体,列宿著天之形。"(《祀义篇》)

"天平正与地无异。"(《说日篇》)

王充用地体证明天体,这就形象地说明天体同地体一样都是客观的物质的。他说:"天地,含气之自然也。"(《谈天篇》)"天去人高远,其气茫苍无端末"(《变动篇》)在这里我们看到,王充不仅认为世界是由物质的元气构成的,而且认为这种物质的元气是无限的。他认为,天地万物都是由这种物质的元气产生出来的。如他说:

"天地合气,万物自生。犹夫妇合气,子自生矣"。(《自然篇》)

"天复于上,地偃于下,下气蒸上,上气下降,万物自生其中间矣。"(《自然篇》)

自然界的万物都是天和地二气相互作用而生成的。自然界万物的生成和死灭的发展变化,是由于天地所含有的元气运动的聚合和离散的结果。天地所含的元气是自然界万物原始的物质基础,天地和元气都是不生不灭的。他针对当时宗教迷信所鼓吹的生长不死的说教,明确地指出:

"天地不生故不死,阴阳不生故不死。死者生之效,生者死之验也。夫有始者必有终,有终者必有始。唯无始无终者乃长生不死。"(《道虚篇》)

在这里,王充给生命现象以唯物主义的和辩证法的解释。他指出,凡是有生的东西必然有死,没有死的东西也就没有生,没有生的东西也就没有死。天地和元气无有生也无有死;而自然界万物是有生的东西,因此也必然有死。由此他得出结论,追求长生不死,是无法实现的空想。

王充还认识到自然界的事物之间是有一定规律的。他指出,构成自然界万物的元气在生生不息的不断变化发展中呈现出一定的规律,人们只能按照它的本来面貌去认识它。他提出要"达物气之理"的论断。所谓"物气之理"就是指自然界自身变化的规律,如"天且风,巢居之虫动","且雨,穴处亡物扰"。在刮风之前,鸟儿因天气将要变化而惊动;将要下雨,蚂蚁搬家,蚯蚓出穴,这些都是因为风雨之气感动了鸟虫，是物气之理的表现。人在天地之间也要受这种物气之理的影响，决不能把自己的意志强加给自然界。而那些“天人感应”的说法则表现了“不达物之理”，把自己的主观意志强加给自然的。

王充认为人和万物一样，也是禀受天地元气而成。他说：“……然则人生于天地也，犹鱼之于渊，虮虱之于人也，因气而生，种类相产。”(《物势篇》)人也是自然的一部分，人的自然属性与物并无区别，所以他说：“人，物也，物，亦物也。虽贵为王侯，性不异于物。”(《道虚篇》)王充提出的这一观点，是对当时封建统治阶级提倡的“君权神授”思想的大胆挑战，也是对豪强贵族的尖锐攻击，所以后来历代封建统治阶级代表人物都攻击王充《论衡》的思想为“异端”。

第三节　“精气论”的形神观

在精神和形体的关系上，王充把人的精神现象说成是物质性的精气。人之所以与倮虫动物不同，是因为人有智慧，这是由于人禀受了元气当中最精微细致的部分，即“精气”，又名“元气”。他说：

> “人之所以生者精气也……能为精气者血脉也。”(《论死篇》)
>
> “精神本以元气为主，血气常附形体。”(同上)

他认为，精气必须依赖于形体，然后才能发生知觉的作用，这就肯定了形体是第一位的，而精神是第二位的。他说：

> “人之所以聪明智慧者，以含五常之气也。五常之气所以在人者，以五藏在形中也。五藏不伤，则人智慧；五藏有病，则人荒忽，荒忽则愚痴矣。人死五藏腐朽，腐朽则五常无所托矣。所用藏智者已败矣，所用为智者已去矣。”(《论死篇》)

就是说，人体内含有发生精神作用的“精气”，而精气要发生作用要依靠于形体，人健康时就聪明，生病时就神志不清，人死了知觉就停止了。这就说明精神是离不开人的身体的。

王充用“薪”和“火”的关系，形象而机智地批驳了当时社会上流行的精神可以离开肉体的传说。他说：“天下无独燃之火，世间安有无体独存之精。”(《论死篇》)意思是说，世界上燃烧着的火离不开薪，人的精神也离不开肉体。那种认为精神可以离开肉体而独立存在，就像燃烧着的火可以离开薪一样是不可思议的。当然用现代科学的观点看，王充把精神说成是物质的精气，没有看到精神是人脑的机能和属性，因而是不科学的；但是我们不能苛求古人，在当时科学不发达，又是宗教迷信威行的情况下，能够提出这样的思想观点是难能可贵的。

王充从他朴素唯物主义的“精气”说立场出发，不仅反对精神可以离开肉体的说教，而且反对人死为鬼，鬼有知，能害人的传说。他说：

> “人死血脉竭，竭而精气灭，灭而形体朽，朽而成灰土，何用为鬼。”（《论死篇》）

他认为人死后不能为鬼，也没有任何知觉，人们关于鬼神观念的产生，是由于人生病时，胡思乱想而产生的幻觉。他说：

> “凡天地之间有鬼，非人死精神为之也，皆人思念存想之所致也。致之何由？由于疾病。人病则忧惧，忧惧则见鬼出。”“见鬼之出，皆存想虚致，未必有其实也。”（《订鬼篇》）

王充否认人死为鬼，进而主张薄葬。他指出，由于人们怀疑有鬼，怕鬼，致使厚葬之风日盛。有的人“破家尽业以充死棺，杀人以殉葬，以快生意”（《薄葬篇》）。人们“畏死不惧义，重死不顾生，竭财以事神，空家以送终。”（《薄葬篇》）。它揭示了厚葬之风所造成的危害。

第四节　反对神学目的论的无神论哲学

王充对“天人感应”的神学目的论也给予尖锐的批判。如董仲舒说，天是有意识有目的有人格的神，天有意识地降生万民，还生了圣君治理他们，生了五谷供人食，生了丝麻供人做衣等。王充反对这种说教，他说这是把有意识的人与无意识的天混为一谈了。他指出，天是物质的，没有意志和欲望，因而他说：

> “何以天之自然也，以天无口目也。案有为者口目之类也，口欲食而目欲视，有嗜欲于内，发之于外，口目求之，得以为利欲之为也。今无口目之欲，于物无所求索，夫何为乎？”（《自然篇》）

王充指出，只有有口有眼睛的动物才能进行有目的的活动，而天既无口也无眼睛，是不会有任何目的和动机的。他接着向目的论质问道：自然现象中的树木的树叶，鸟兽的羽毛，万物春生秋成，如果都是天地有意识地制作的，那么天怎么有那么多的手呢？他说：“如谓天地为之，为之宜用手，天地安得万万千千手，亦为万万千千物乎？”（《自然篇》）客观世界万物的发生、发展都由于它自己的原因，自然而然生成的绝不是天有目的创造的。他说：“天动不欲以生物，而物自生，此则自然也。施气不欲为物，而物自为，此则无为也。”（《自然篇》）

王充主张天道自然无为，同时承认人的主观能动性。他对道家否认人的主观能力的无所作为思想给予批驳。他说：

“虽然自然，亦须有为辅助。耒耜耕耘，因春播种者，人为之也。及谷入地，日夜长大，人不能为也。”（《自然篇》）

他承认人的主观能动性，能够作用于自然，但是也承认人不能代替自然，自然有自己的规律，违反自然的规律是要受到惩罚的。他说：“宋人有悯其苗之不长者，就而揠之，明日枯死。夫欲为自然者，宋人之徒也。”（《自然篇》）王充引用孟子的“揠苗助长”的故事，说明违反自然规律的劳作，是徒劳无益的。

王充以他的元气论为武器，对于社会上的谶纬迷信给予大胆的批驳。

两汉时期，谶纬迷信盛行。特别是汉武帝实行“罢黜百家，独尊儒术”，把经过董仲舒改造过的儒学，即“天人感应”的神学目的论，作为统治阶级的正统思想。谶纬迷信也成为统治阶级用来维护统治的重要手段。早在汉宣帝时，为了缓和当时的阶级矛盾，稳定社会秩序，曾假托符瑞改元多次，如有神爵（雀）、五凤、甘露、黄龙等纪元。到了汉哀帝时，王莽在争夺政权的斗争中也利用谶纬，制造了“麟凤龟龙众祥之瑞七百有余”。（《汉书·王莽传》）说明他篡夺政权是合乎天意的。在农民起义中登上封建统治宝座的东汉光武帝刘秀也制造纬书说：“刘秀发兵捕不道，四夷云集龙斗野，四七之际火为主。”（《后汉书·光武帝纪》）论证他是受命于天而为天子的。

王充在《论衡》中，高举“疾虚妄”的旗帜，对当时的谶纬迷信给予无情的批判。如纬书说，尧母与赤龙相感而生尧，刘母因梦与龙相通而生刘邦，因而尧与刘邦都成为天子，与一般人不同。王充依据他的万物“因气而生，种类相产”的理论，指出异类不能交接。他说：

“含血之类，相与为牝牡，牝牡之会，皆见同类之物，精感欲动，乃能授施……今龙与人异类，何能感于人而施气。”（《奇怪篇》）

王充指出，不同类的动物不能交配，这是常识。统治阶级故意把自己的祖先说得神奇，以显示其高贵。对于纬书上说圣君受命于天命时，天先出现祥瑞，如文王有赤雀之瑞，武王有白鱼之瑞。王充也反驳说：“自然无为，天之道也。命文以赤雀，武以白鱼，是有为也。”(《初禀篇》)他认为这种祥瑞之说，同天道自然无为相矛盾，是一种无稽之谈。至于文王见赤雀，武王看白鱼，纯属一种偶然的巧合，并不是天有意安排的。王充否定祥瑞，实际上是向“天人感应”，君权神授的目的论的挑战。

王充对于神学目的论宣扬的“善有善报，恶有恶报”以及天能谴告人世的说法给以批驳。他针对目的论鼓吹的“末世衰微，上下相非，灾异时至，则造谴告之言矣。”(《自然篇》)他反驳说，这与天道无为是相违背的，因而是不可能的。他针锋相对地指出：

“天能谴告人君，则亦能故命圣君，择才若尧舜，受以王命，季以王事，勿复与知。今则不然，生庸庸之君，失道废德，隋谴告之，何天不惮劳也。”(《谴告篇》)

王充指出，天如果真的能够安排人世间的事，能谴告人君，那天为什么不给人选择一名有才干的像尧舜那样贤明的人君呢？而相反，现实社会的人君却都是些庸庸之辈。可见祥瑞、因果报应之说是荒谬的，不符合实际的。

王充在反对“天人感应”神学目的论的斗争中，建立起注重效验的唯物主义认识论。他反对唯心主义关于有“生而知之”的圣人的说教。他认为，人要认识事物，首先必须由人的感官与外界事物接触，即“须任耳目以定情实”，“如无闻见，则无所状”(《实知篇》)。他举例说：

“使一人立墙东，令之出声，使圣人听之墙西，能知其黑白长短乡里姓字所自从出乎？沟有流堑，泽有枯骨，发道陋亡，肌肉腐绝，使人询之，能知其农商老少若所犯而坐死乎？”(《实知篇》)

也就是说，不用感官同外界事物接触，圣人也不可能有任何正确的认识。他认为，所谓“生而知之”，不过是“案兆察迹，推原事类”(《实知篇》)在当时有这些观点，是很难得的。

王充重视感性经验，但他并没有停留在感性经验阶段。他认为，“信闻见于外”，还必须“诠订于内”，“开心意”，“以心而原物”，也就是要通过理性思维的综合，才能真正认识事物。他天才地猜测到感性认识和理性认识是认识过程的两个阶段。他强调任何知识或技能都必须通过实际经验来获得。他举例说：

“齐都世刺绣，恒女无不能。襄邑俗织锦，钝妇无不巧。日见之，日为之，手狎也。”(《程材篇》)

他认为熟能生巧，恒女钝妇，经过“日见之，日为之”，也能刺绣；如果人们没有见过的事情，硬让他们去做，那是干不好的。他说：“能多种谷，谓之上农；能博学问，谓之上儒”(《别通篇》)。“刺绣之师，能缝帷裳；纳缕之工，不能织绵。”(《程材篇》)在这里，王充意识到人的认识与实践活动有一定关系。他亲自做过不少实验、观察和研究工作。在他的巨著《论衡》中，有许多论证同当时的科学是相符合的。当然他的认识论，还是一种朴素的直观，他不可能看到实践在认识中的决定作用，也没有解决认识过程中感性认识和理性认识的辩证关系。他有时强调感性认识，有时又强调理性认识。他还承认妖魔鬼怪存在，认为这些是太阳之气形成的。这些都是不科学的。

总之，《论衡》是一篇伟大的无神论哲学著作。他的无神论哲学对后世的无神论思想影响巨大。如果说中国的哲学思想从阴阳五行说和水地说经过孔孟的唯心主义到荀子、韩非的唯物主义哲学是唯物主义发展否定之否定的第一个圆圈，那么，王充的哲学就是从荀子、韩非经过董仲舒而完成的唯物主义哲学发展的第二个圆圈，是中国古代唯物主义哲学发展的又一个高峰。王充《论衡》中的元气自然论的唯物主义对于后来的唯物主义有着重大的影响。如范缜乃至张载、王夫之、戴震等人都在不同的历史时期发扬了他的无神论、唯物主义思想。

由于王充旗帜鲜明地坚持无神论，在《论衡》等著作中观点明确、立场激烈，对传统的思想和习俗毫不妥协，针锋相对地给予批判。因此，史学者对他的评价历来泾谓分明。如刘知几说他是“名教罪人”，枯世骏说他是“坏人心而害世道”，王应麟说他是“厚辱其先”，清代乾隆皇帝说他是“犯非圣无法之诛”。而历史上进步的思想家则都给予高度的评价。如抱朴子称他是“冠论人才”，谢尧卿称他为“一代英伟”，都充分肯定了他的才学和见解。

第三编

魏晋南北朝哲学论著及玄学发展

第十章 王弼哲学论著与正始玄学

第一节　王弼哲学思想简说

魏晋玄学以辨名析理与清谈为尚，所依据的思想材料主要来自《老子》、《庄子》、《周易》三部书，北齐颜之推在《颜氏家训·勉学》中说："《老》、《庄》、《周易》总谓三玄"，又说"何晏、王弼祖述玄宗"。这里的何晏、王弼就是玄学发展的第一阶级正始玄学（指魏齐王芳正始时期出现的玄学思潮）的代表。他们在哲学上以发挥老子思想为主，提出以无为本的本体论学说，并用改造了的老子学说来解释儒家典籍，建立了他们的玄学体系，留下了一系列重要的哲学成果，其中《老子注》、《周易注》、《周易略例》、《老子指略》、《论语释疑》就是代表性哲学著作。作者王弼（公元226—249年），字辅嗣，魏晋玄学的主要代表人物之一。因注释《老子》、《周易》而闻名于世。

王弼善谈玄事，事功非其所长。他与何晏、夏侯玄等竞事清谈，同开玄风，成为魏晋玄学的主要代表人物。王弼对古代典籍的注释，一反两汉以来经学家繁琐作风，抛弃了其中阴阳灵异和谶纬之学，注重义理的分析和抽象的思辨，在学术上开创了新的风气，对后来中国学术的发展，如宋代理学，起了一定的影响。同时，也正是通过这种抽象的义理分析，促使他建立了玄学体系。

王弼的玄学哲学与何晏的哲学基本上是一致的，只是他的玄学体系更加系统化和更加完备了。王弼吸取了两汉神学目的论与"元气论"辩争失败的教训，开始抛弃了神学的外衣，借用元气自然论的词句，从各方面论证精神性的本体是万物的根本。他不公开讲"神"，而是通过论证本体和现象、有和无、动和静、一和多、体和用、言和意、名教和自然等的关系，达到论证精神是物质的本原的目的。他的本体——"道"或"无"，实际上就是雕镂得比较精致的"神"的代用品。

第二节　王弼的玄学哲学

王弼创立了"以无为本"的玄学客观唯心主义哲学体系。他主张"贵无"，而"贱有"。把老子的"有生于无"的思想发展为"以无为本"的哲学。王弼认为"万物皆由道而生"(《老子》三十四章注)，而道也就是无，他说："道者，无之称也。"(《论语释疑》转引邢昺《论语正义注疏》)他认为，万有统一于一个共同的本体——道或无。他说：

> "天下之物，皆以有为生。有之所始，以无为本。将欲全有，必反于无也。"(《老子》四十章注)

王弼从以下四个方面论述了"以无为本"的本体论。

第一，通过本质和现象的关系进行论证。王弼提出，事物有它的本质(本)的方面，有它的表现现象(末)的方向。他认为现象是妨碍认识本质、本体的。他说：

> "《老子》之书其几乎可一言以蔽之。噫！崇本息末而已矣。观其所由，寻其所归，言不远宗，事不失主。"(《老子略例》)

他把老子的哲学归结为一句话："崇本息末"，把"本"放在主要地位，而排除"末"(现象)对"本"(本体)的干扰、影响。他认为只有这样，才能不致迷失原则(宗)、脱离主宰。他强调，认识事物，指导行为的原则是要避免从具体事物的现象出发，而要从超乎现象之上的本体出发。他认为老子的"绝圣弃智"，使人民过着朴素的生活，是杜绝混乱、虚伪的根本原则。他在《老子注》中指出："母本也，子末也。得本以知末，不舍本以逐末也。"(《老子》五十二章注)他反复论证，只有掌握本体，排除现象对本体的干扰、蒙蔽，才算是符合道德的原则，符合无为的要求。

在中国哲学史上，王弼第一个把本质(本)和现象(末)作为一对哲学范畴提出来。他认识到要认识事物的本质，不能为五光十色的表面现象所迷惑，要透过现象，掌握本质。这正是王充以来的元气自然论所忽视的。王充只讲到万物是自己产生的，由于元气聚合，分散而形成万物，没有系统地论证体用关系。王弼看到了本体、本质和现象的关系，但他只强调本质，否认现象，使本质脱离现象而独立存在，割裂了二者的辩证关系，使"本"成了无源之水、无本之木的"空中楼阁"。

第二，从动和静的关系进行论证。王弼用他形而上学的动静关系进一步论证他"以无为本"的客观精神论哲学。他不像以前的形而上学直接宣称万物不变，而是认为变化是相对的，不变是绝对的。他说：

“复者反本之谓也。天地以本为心者也。凡动息则静，静非对动者也，语息则默，默非对语者也。”(《周易》复卦注)

他认为，世界万物是变化的，但是对不变来说，变化是相对的，不变才是绝对的，所以动息则静，静是绝对的，动只是静的一种表现。他认为，变化只是不变的本体的一种表现。他说：

“天地虽大，富有万物，雷动风行，运化万变，寂然至死，是其本矣。”(同上)

他认为“静”不变是本(本体)，“动”变化是末(现象)，指导生活的原则是“反本”，回到本体，才可以体现天地的心。王弼通过动和静的关系，论证了“无”是本，而“有”是末。

第三，用一和多的关系进行论证。王弼哲学中的一和多的关系，也是无和有的关系，一般和个别的关系。他说：

“万物万形，其归一也。何由一？由于无也。由无乃一，一可谓无。”(《老子》四十二章注)

他认为“一”也就是“无”，是本体，是万物的根源，万有是由“一”派生的。他又说：

“一，数之始而之极也。各是一物之生所以为主也。物皆各得此一以成，既成而舍以居成，居成则失其母。”(《老子》二十九章注)

意思是说，“一”是万物差别的出发点，是产生万物的本体。万物都是由本体派生出来的。万物各自分享本体而成为万物，万物既形成了自己，就脱离了一(舍)而停留(居)在具体的、分散的地位(居成)。万物成为了独立的事物，也就脱离了本体(母)。在一和多的关系中，他强调“一”是更根本的，进而提出“以寡治众，以少统多”的主张。他说：

“夫众不能治众，治众者至寡者也。”“夫少者，多之所专也，寡者，众之所宗也。”(《周易略例·明象》)

王弼通过“以寡治众，以少统多”的论述，进一步论证了“以无为本”的命题。

第四，用自然无为进行论证。王弼通过对自然无为的论述，为他的“以无为本”的客观精神本体论进行论证。他说：“自然者，无称之言，穷极之辞也。”(《老子》二十五章注）他认为“自然”就是事物的本体（穷极），它是对于“道”的描述。所以，他崇尚无为自然。他认为凡是有为的，就不是第一性的，因为有为的结果总是无为。他说：

“用智不及无知，而形魄不及精象，精象不及无形，有仪不及无仪。”（《老子》二十五章注）

这里的“无知”、“无形”、“无仪”都是指无形、无相的本体，它超出万有之上，所以比万有更高、更根本。王弼所说的“自然”，不是唯物主义所说的可以为人所感知的客观实在，而是不可言、不可见的神秘的精神实体。它等同于老子的“道”，因此他把自然无为，也叫作“无”。王弼把无为原则运用于天道观，是以无为本的本体论。他认为决定万物的存在的不是万物自身的运动发展，而是高踞于万物之上的“自然”。

王弼的“无为”、“贵无”的本体论，与汉初黄老之学的无为，与民休息、发展生产不同，而是主张君主无为、大臣专权。魏晋统治阶级都是违反封建伦理纲常，以臣弑君获得政权的，这从传统的封建伦理道德中找不到根据。为了从哲学上给自己的篡权行为作论证，最后他们终于找到了《周易》、《老子》、《庄子》。《老子》的消极无为，《周易》的神秘主义，《庄子》的不谴是非、蔑弃礼法的没落贵族的颓废意识，对他们的行为给予一定支持作用。另一方面也成为当时知识分子逃避现实，寻求精神寄托的方式。因而魏晋时，这三本书成为知识分子的必读书，号称“三玄”。“贵无”一方面反映魏晋统治阶级悲观、失望，逃避祸患的无所作为思想；另一方面也是要百姓“无所察焉”，“无所求焉”，“无避无应”的愿望的反映。王弼认为，只有做到不用明，不用智，深藏若虚，才能收到无为而治的效果。

在认识论上，王弼在研究《周易》时，提出了“言不尽意，得意忘象”的认识论和思想方法。王弼的这种方法并不只限于《周易》，而是具有一般的认识原则和思想方法。他通过四层意思，论述了他的认识原则。

第一层，提出“尽意莫若象，尽象莫若言”。

他说：

“夫象者，出意者也；言者，名象者也。尽意莫若象，尽象莫若言。”（《周易略例·明象章》）

在这里，王弼承认认识工具和认识媒介在认识过程中的作用。“象”是达意的工具，“言”是明象的工具。达意在通过象，明象要通过言。“言生于象，故可寻言以观象；象生于意，故可寻象以观意。”这是王弼对《周易》的研究方法。它比汉代人解《易》用机械比附的方法进了一步。汉人解《易》注重象数，他们把《易经》的封、爻辞所代表的事物看做是固定不变的。如乾代表天，坤代表地，马代表乾卦的健的意义，牛代表坤卦的顺从的意义等等。王弼为了更方便地通过《周易》一书发挥他的哲学见解，提出取消汉儒相沿的这种机械的解释爻象的方法。提出以象达意、以言明象的方法。

第二层，提出“得象忘言，得意忘象。”他说：

> “意以象尽，象以言著。故言者所以明象，得象忘言；象者所以存意，得意忘象。”(同上)

他认为，“意”通过象(卦象)而得到表达，“象”通过言语而明确了它的意义。言语是为了明象的，如果已经明确了象的意义，就可以把语言忘掉。象是用来保存意的，如果已经得到了意，就可以把象忘掉。这好比过河，桥是过河的工具，过了河，桥就可以拆了。已经达到了认识目的，认识的工具、媒介都可以不要了。

第三层，提出“存言者，非得象者也；存象者，非得意者也。”他说：

> “是故，存言者，非得象者也；存象者，非得意者也。象生于意，而存象焉，则所存者乃非其象也；言生于意，而存言者，则所存者乃非其言也。”(同上)

意识是说，固守着言，就掌握不到象的意义；固守着象，就掌握不到意的涵义。因为象是从意产生的，固守着象，那么所固守的就不是原来的象了；言是从象产生的，固守着言，那么所固守的就不是原来的言了。王弼看到了认识和认识的媒介、工具的区别，这一点是对的；但他过分强调概念和它所代表的事物的不同方面，夸大了它们的对立，而否认它们的统一，是非常错误的。

第四层，提出“言不尽意，得意忘象”的结论。他说：

> “然则忘象者，乃得意也，忘言者，乃得象也。得意在忘象，得象在忘言。故立象以尽意，而象可忘也。”(同上)

他认为，只有忘掉了象，才能得意；只有忘掉了言，才能得象。这里我们看到，王弼开始承认，认识要通过一定的工具作媒介；接着提出如果认识了所要认识的本体，就可以不要工具了，得鱼可以忘竿；这里他又说，只有忘掉了“象”才能“得意”，只有忘掉了“言”，才能“得象”。他把“忘象”看作是“得意”的条件，把“忘言”看作是“得象”的条件。把“象”和“得意”、“言”和“得象”绝对对立起来，否认概念、规律是客观事物的反映，沿着神秘主义的认识路线越走越远了。

辩证唯物论哲学认为，概念、规律是客观事物的反映。列宁指出："任何规律都是狭隘的、不完全的、近似的。"(《列宁全集》第38卷，人民出版社1959年版，第159页)但必须承认规律、概念是客观事物的反映。王弼从客观精神本体论的立场出发，把世界看颠倒了。他的最高认识原则不是教人去认识事物的规律，而是去认识至高无上的本体——"道"，也就是"无"。他认为，客观世界的一切事物之所以存在，都是"道"或"无"的表现。王弼的"言不尽意"的认识，不是对客观事物的认识，而是对"意"，甚至对于"意"也是无法认识的。

"言不尽意"的学说，不仅对中国哲学发展具有广泛的影响，而且对于艺术欣赏、创作方法也有较大的影响。我国自魏晋以后，都注意要求有不尽之意，反对一览无余，或多或少都受了"言不尽意"的影响。

王弼主张调和"名教"和"自然"的矛盾。所谓"名教"是指封建社会的政治制度和伦理道德等封建文化的总称。"自然"，在魏晋玄学这里是他们所阐述的总规律，即"道"的代名词，包括自然观和人生观。魏恶统治阶级一方面要推行封建伦理规范，即"名教"，来维持其统治，另一方面又要过着放荡不羁，穷奢极欲，无拘无束的自由生活。名教与自然的矛盾是魏晋玄学家对这种现实生活中的矛盾的反映。为了解决这个矛盾，王弼提出了"名教"出于自然，是自然的表现。他认为，只要按照自然、无为的原则设官分职，则名教是完全合理的。他曾与傅嘏讨论过孔子和老子的异同。他认为"圣人体无，无又不可以训，故不说。老子是有者也，故恒言所不足。"(《三国志·魏书·钟会传》注)倡导援老入儒，认为孔子与老子一样，都主张"无为"，调和儒道。

王弼反对玄学家何晏的"圣人无喜怒哀乐"的主张。他说：

> "圣人茂于人者神明也，同于人者五情也。神明茂，故能体冲和以通无；五情同，故不能无哀乐以应物。然则圣人之情，应称而无累于物者也。今以其无累，使谓之复应物，失之多矣。"(同上)

他认为，圣人和众人一样具有喜怒哀乐的感情，圣人与众人不同的，比众人多得只是智慧(神明)。圣人有超人的智慧，所以能体现自然，做到"无为"，即"体冲和以通无"。圣人的五情与众人相同，所以也有享乐的感情，只是圣人有了"无"的原则作指导，因而虽然接触事物有哀乐之情，但不会陷溺在感情中而不能自拔。可见，王弼的"圣人有情说"一方面为魏晋风度中的情感解放提供理论依据，另一方面也为名士放纵寻找一个借口。

第十一章

阮籍、嵇康哲学论著与竹林玄学

以阮籍、嵇康为代表的玄学，是继正始玄学之后出现的玄学派别，因二人同为“竹林七贤”成员，故又称竹林玄学。其思想特点是以发挥庄子思想为主，在政治上排击名教，表现出更多的开放性和对传统的批判精神。留传后世的《阮籍集》、《嵇康集》中的著名哲学论文（如阮籍的《达庄论》、《通老论》，嵇康的《难自然好学论》、《声无哀乐论》等）对后世影响深远。

第一节 《阮籍集》中的玄学哲学思想

《阮籍集》原有十卷，其作者阮籍（公元210—263年）是三国时期思想家、哲学家、文学家。

阮籍在自然观上坚持唯物论观点。他说：

> “天地生于自然，万物生于天地。自然者无外，故天地名焉。天地者有内，故万物生焉”（《达庄论》）

他以天地、万物自然存在和发生的观点，否定了在自然之外还有精神主体的唯心主义说教。他继承了唯物论的天道观，认为万物出于自然，“道”具有自然界规律的意义。他说：

> “道者，法自然而为化，侯王能守之，万物能自化，《易》谓之太极，《春秋》谓之元，《老子》谓之道。”（《通老论》）

他要人们学习自然、了解自然的规律，反对把“道”理解为精神本原的唯心主义说教。

在人和自然的关系上，他认为人的形体都是自然界的产物。身体是自然界的“精气”，而精神则是自然界某种运动的功用。他主张保自然的性，而养自然的神。

> “人生天地之中，体自然之形。身者，阴阳之精气也。性者，五行之

正性也。情者，游魂之变欲也。神者，天地之所以驭者也。”(《达庄论》)

阮籍认为天地万物是一体的、谐和的、没有矛盾的。所以他说：

> “天地合其德，日月顺其光，自然一体，则万物经其事”。“男女同位，山泽同气，雷风不相射，水火不相薄”。“重阴雷电，非异出也；天地日月非殊物也”。(《达庄论》)

他把本来有差别的东西，说成是没有差别的；他本来性质相反的东西，说成是相通的。同庄子一样，是相对主义的。他认为理想完善人格的“至人”，应当是像自然那样，对于活着也不感到幸福，对于死去也恬然处之，完全顺应自然。即：

> “恬于生而静于死。生恬则情不惑，至静则神不离。故能与阴阳化而不易，从天地变而不移。生究其寿，死循其宜。”(《达庄论》)

他认为，只有具有这种生活态度的人，才算体现了道的原则，即：“至道之极，混一不分，同为一体。”(《达庄论》阮籍的“天地万物一体”的自然观，表现在政治观点上，就是他调和“自然”与“名教”的折中主义。

在社会政治观点上，他主张“自然”，反对“名教”，但他又不能像嵇康那样公开表白出来，实际做起来，却表现为把“自然”与“名教”调和起来。他所向往的“自然”社会是：

> “至人无宅，天地为客；至人无主，天地为所；至人无事，天地为故；无是非之别，无善恶之异，故天下被其泽，而万物所以炽也。”(《大人先生传》)

阮籍放浪形骸，幻想一种没有斗争、不受道德拘束的社会；幻想在“自然”社会中，没有君臣之分。他说：

> “盖无君而庶物定，无臣而万事理，保身修性，不违其纪，性若然，故能长久。”(《大人先生传》)

他认为，君臣名教礼法都是压迫和束缚人民的枷锁。他认为在虚伪的“名教”后头掩盖着统治者对人民的残酷压迫以及统治阶级内部的争权夺利，互相残害。他辛辣地讽刺那些虚伪的名教礼法之士像破裤子中的虱子，自以为其腐朽的寄生生活很安全，其实一旦遇到火的时候就都逃脱不了灭亡的归宿。可见，阮籍对当时借权势欺凌人民的门阀士族和礼法之士是极其仇恨的。

阮籍和嵇康一样，鄙弃“名教”，并不是主张要真正废弃名教，而内心却是要维护真正的“名教”的，因此，他又把“自然”和“名教”调和起来，认为二者可以没有矛盾，这就是他所说的“达于自然之分，通于治化之体”（《通老论》）。他说：

> “圣人以建天下之俭，守尊卑之制，序阴阳之适，别刚柔之节，顺之者孝，逆之者亡，得之者身安，失之者身危。”（《通易论》）

他认为“尊卑之制”就是封建秩序，也是属于名教范围内的，这是说“名教”仍是势不可少的。因此，他又主张维持“名教”，并且说：

> “在上不凌乎下，处卑而不犯乎贵，故道不可逆，德不可忽也。”（《通易论》）

又说：

> “刑教一体，礼乐外内也。刑驰则教不独行，礼废则乐无所立。尊卑有分，上下有等，谓之礼。人安其生，情意表哀，谓之乐……礼逾其制则尊卑乖，乐失其序则亲疏乱。礼定其象，乐平其心。礼治其外，乐化其内。礼乐正而天下平。”（《乐论》）

他认为“乐”是内的、是自然；而“礼”是外的，是名教。可见，他的“礼乐正而天下平”，正是把“名教”与“自然”调和起来的折中主义观点。阮籍自己崇尚自然，却不愿意让他的儿子也像他一样，崇尚自然而放弃“名教”。当他的儿子阮浑想学他的放达，阮籍却说“仲容已预之，卿不得复尔”（《世说新语·任诞篇》），意思是说，仲容（阮籍的儿子）这样做很不好，你不要再踏他的覆辙了。这也说明他并不是真正要废弃“名教”，表现了他的“名教”与“自然”调和的折中主义思想。

嵇康、阮籍代表寒门庶族地主阶级对门阀士族的反抗，他们反对门阀士族阶级过分的剥削、虚伪、贪鄙，反映了一些人民的要求。这在魏晋时代的思想家中是很少见的、很可贵的思想，具有一定的进步意义。然而，由于他们很软弱，不能公开与统治阶级对垒，致使他们的思想、作品中表现为苦闷、矛盾、调和、折中等特色。其实封建统治者宣扬“名教”，都是为了欺骗人民，而维护其本阶级的利益。众所周知，司马氏篡夺曹魏政权是不忠，而曹魏政权又是从汉王朝夺取来的。而他们一旦登上皇帝的宝座，夺取了政权之后，就以“名教”来维护他们的“正统”地位。司马氏以违犯“名教”的罪名杀死了嵇康，而嵇康的儿子又因在一次战斗中以牺牲生命保护了晋朝皇帝的生命，而成了晋王朝的忠臣。封建统治阶级在实行“名教”的过程中，充满着矛盾，带有很大的虚伪性，这在他们的哲学中不能没有反映。这种“名教”与“自然”矛盾的困惑直到西晋郭象的哲学才得以摆脱，以“名教”即自然的说法，建立了新的哲学理论。

第二节　《嵇康集》中的玄学及其意义

一、《嵇康集》概说

《嵇康集》收集了魏晋玄学名家嵇康的多篇哲学论文。鲁迅评价说：“嵇康的论文比阮籍更好，思想新颖，往往与古时旧说反对。”就是说他的论文更有创始的意义。嵇康（公元 223—262 年），字叔夜，三国时期思想家、文学家、音乐家。他自幼不涉经学，好读老庄，倾向玄学，好属文论，亦好弹琴咏唱。在哲学上，他以玄学思想武器猛烈抨击了被扭曲了的儒家教育，主张回归自然。在政治上表现为刚肠嫉恶，锋芒毕露。嵇康的著作，原有《嵇中散集》，其中有部分已亡佚，现存有《嵇康集》辑本，有十卷，附佚文、著作考、序跋等，从该书能管窥魏晋玄学，特别是“竹林玄学”的特征。《嵇康集》最初为十五卷，至宋时仅存十卷，以鲁迅校刊本较为完备。

二、《嵇康集》的玄学哲学

嵇康在哲学本体论上承袭了王充以来的元气自然论的朴素唯物主义思想，反对宗教迷信的唯心主义哲学。他说：“元气功陶铄，众生禀焉。”（《明胆论》）认为万物都是禀受元气而产生的。元气中包含阴阳两个对立面，阴阳的变化推动了万物的发生。他说：“浩浩太素，阳曜阴凝，二仪陶化，人伦肇兴。”（《太师箴》）。他认为，人和物都是由天地间阴阳二气的作用孕育而成的。他还说：

> “天地合德，万物资生，寒暑代往，五行以成。章为五色，发为五音。”（《声无哀乐论》）

自然界的万物的发生、发展都是自然界自身运动和变化的结果。

（一）形神论

嵇康对形神关系也进行了解释。他说：“形恃神以立，神须形以存。”（《养生论》）他人为形与神是互相依赖的。他提倡修心养神的养生学说。他说：

> “修性以保神，安心以全生，爱憎不栖于情，忧喜不留于意，泊然无感，而体气和平。”（《养生论》）

他看到精神的好坏对于人健康的影响，主张用修身养性来增进健康。他甚至幻想通过服食、养生、药物安心保神，达到延长寿命至数百年。在形神关系上，他没有说明形是神的基础，也未说明形和神的辩证关系，有二元论的倾向，他的唯物主义是不彻底的。他是从养生的角度来谈形神关系问题，从生理角度看，有其合理的方面。他认为有生必有死，这与当时流行的道家神仙方术、长生不死的宗教迷信思想有着本质的区别。

(二)心物论

嵇康论述心和物的关系时，他说：

> "心之与声，明为二物。二物诚然，则求情者不留观于形貌，揆心者不假听于声音也。察者欲因声以知心，不亦外乎?"(《声无哀乐论》)

他认为，声音和感情是不同的两种事物。音乐所发出的只是客观的音调，它不含有哀乐的感情；哀乐则出于人的内心，完全是主观的。他把二者区分开来，有其合理的一面；但是他否认二者的联系，认为主观感情完全由于内心自发、不因客观的刺激，这就错了。

嵇康在认识论方面，强调理性的判断，反对只凭记诵传闻以及一般的感性直观。他说：

> "夫推类辨物，当先求自然之理，理已足，然后借古人以明之耳。今未得于心，而多恃前言以为谈证，自此以往，恐巧历不能纪耳。"(《声无哀乐论》)

这里所说的"自然之理"，表明嵇康承认理性判断有其客观标准，"得于心"是对"理"的融会贯通，而"古义"对推理只能起辅助作用。

(三)人性论

嵇康认为，人性的善恶和才能是由赋受的气质决定的。他说：

> "赋受有多少，故才性有昏明，唯至人特钟纯美，兼周内外，无不毕备。"(《明胆论》)

人的聪明或愚笨都是天赋的，生来就有的。所谓"至人"是由于他的纯美之气，而聪明过人。他还把人的聪明和决断机械地割裂开来，认为是禀受了不同的气而产生的。所以他说："明胆异气，不能相生。"实质上是认为人的聪明和才能是由先天的自然的"元气"决定的，人性的善恶、智愚都是先天的命中注定的。这里他虽然否定了宗教神学，却又得出了天才论的结论。

嵇康在社会观上，提出“越名教而任自然”的主张。所谓“越名教而任自然”是教人超出名教的束缚，不尚虚荣，摆脱物质享受等欲望，不去为了追求富贵而胡作非为。所以，稽康的“超名教”，并不是教人去违背“名教”。

嵇康的“越名教而任自然”的主张，是针对司马氏以“名教”为招牌，进行诛除异己、进行篡权活动而提出来的。司马氏标榜“以孝治天下”，以“不孝”的罪名废弑曹氏皇帝。他认为，司马氏宣扬“名教”的孝，却破坏“名教”的忠，实质上是口喊维护“名教”，又在破坏“名教”。嵇康作为曹氏宗族的女婿，对司马氏的篡权行径当然不会麻木不仁，无动于衷。“越名教而任自然”，就是嵇康反抗司马氏的一种斗争武器。

司马氏以“名教”为工具，宣称“六经为太阳”，“不学为长夜”。而嵇康却针锋相对地提出“以六径为燕秽，以仁义为臭腐”的主张。他说：

> “若以明堂为丙（病），以讽诵为鬼语，以六径为燕秽，以仁义为臭腐，睹文籍则目瞧，修揖让则变伛，袭章服则转筋，谭礼典则齿龋，于是兼而弃之，与万物归更始。则吾子虽好学不倦，犹得阙焉，则向之不学，未必为长夜；六经未必为太阳也。”（《难自然好学论》）

这些话，显然是讽刺当时的社会，痛恨腐败的政治，是有针对性的。他抨击司马氏是“季世陵迟，继体承资，凭尊恃势，不友不师，宰割天下，以奉其私”。可见，嵇康的“越名教而任自然”是对司马氏集团所代表的门阀士族地主阶级用“名教”为幌子进行篡权行为的抨击和抗议，也是他忠于曹魏政权的表现。嵇康的所作所为，在司马氏的强权之下，没有别的出路，只好作了司马氏的刀下之鬼；但在他的著作和行为中，却表现出一种较为完满的精神人格和风骨，则一直为中国的知识分子所推崇，鲁迅先生手抄并评点《嵇康全集》就是例证。

第十二章

《崇有论》与元康玄学哲学

第一节　概说

元康玄学是玄学发展的第三个阶段。因成型晋惠帝元康年间而得名，代表人物为裴頠、郭象，他们提出了“崇有”、“独化”等许多富有特色的新观点。《崇有论》就是此时最具代表性的哲学论著。其作者裴頠（公元 267—300 年）字逸民，是西晋名士，著名玄学家。裴頠弘雅远识，通博多才，兼明医学，自少知名。时人叹称“若武库纵横，一时之杰也”。裴頠长于说理，被誉为“言谈之林薮”。他重视学术，曾奏修国学，刻石写经。他曾与出身庶族的司马空张华一起反对惠王贾世乱政。赵王司马伦谄事贾后，裴頠十分憎恨他。伦几次求官，裴頠与张华均不许，故遭伦忌恨，于永康元年为赵王司马伦所杀，死时年仅三十三岁。

裴頠看到，当时社会上普遍存在着的“口谈虚浮，不遵礼法，尸禄耽宠，仁不事事”（《晋书》卷三十五）的风气，“心不许焉”，并给予无情的抨击。他指出，那些崇尚虚无放达的人，轻视治理政事，看不起事功业绩，以脱离实际为高超，以不理政务为高雅，以不讲操行廉耻为旷达。他认为，这种放荡虚浮、不重儒术的“贵无”、“贱有”风气，必将“遗制”、“忘礼”，破坏等级贵贱的封建社会秩序。他反对何晏、王弼一派宣扬的“以无为本”的“贵无”论。

第二节　《崇有论》哲学思想

首先，裴頠在《崇有论》中提出“道”是万有的总体，离开万有，没有独立自存的“道”：

“夫总混群本，宗极之道也；方以族异，庶类之品也；形象著分，有生之体也。”

意思是说，总括万有的“道”（宗极），不是虚无的，“道”就是万有的总合或总体。根据万有的形象，可以分为不同的类别；形象分明是一切生长变化的主体，即一切有生之物都是万有的形象。在这里我们看到裴颜的《崇有论》与王弼的“贵无”论得出完全相反的结论。“贵无”论认为，“道”是无，万有是从虚无的本体变化生出来的，因而万有的存在也是不真实的，“自然”也是虚无。裴颜的《崇有论》认为，“道”并不是一个独立的实体，只是万有的总合，离开万有的存在也就无所谓“道”。这样就肯定了万有存在的真实性，表现了他的哲学基本立场。

其次，他强调万物的变化和错综复杂的关系是探求事物的基础和根据。他指出：

> “化感错综，理迹之原也。品而为族，则所禀者偏，偏无自足，故凭乎外贸。是以生而可寻，所谓理也；理之所体，所谓有也。”

意思是说，万有的变化及其相互作用是错综复杂的，这种错综复杂的相互作用正是事物的法则、规律（理）形成的根源。万有有不同的类别，每一类别都有其特点及其不足之处，所以万有的存在都要依靠一定的条件。万有的生化是有迹可以探求的，这就叫做理。理即规律，法则是以万有、物质存在为根据（体）的。他认为，万有虽然是有形有限的，但是它们彼此相互依赖，并不需要一个虚无的“道”的支持，万有的相互作用形成了世界的规律、法则。也就是规律、法则是以万有为基础的，规律就表现在事物的相互作用之中。

最后，指出“无”不能生有，万有是从有产生的。他说：

> “夫至无者，无以能生，故始生者，自生也。自生而必体有，则有遗无生亏矣；生以有为己分，则虚无是有之所谓遗者也。”

意思是说，绝对的无（至无），就什么也生不出来，所以万有最初的产生，都是自己生自己，并没有一个东西使它产生。既然万有各自生，必然以有为本体，如果遗弃了有，便会有生命亏损；凡是生长变化的东西，都是以有为自己的本分；而虚无就是有之不存在，因为无是对有而说的，有不存在就是无，没有离开有而存在的绝对的无。他认为“无”不能生有，这是针对“贵无”论说的。“贵无”论主张“以无为本”，认为万物的生存、变化都是由“无”的本体决定的，说什么“上及造化，下被万事，莫不贵无。”（《崇有论》）认为这种说法是非常错误的。

裴颜认为“贵无”论歪曲了老子的学说。老子著《道德经》主张“无为”并不是“以无为本”的意思。他说：

"老子既著五千之文,表摭秽杂之弊,甄举静一之文,有以全人释自夷,合于《易》之损、谦、艮、节之旨。"

意思是说,老子讲"无为","静一"是为了反对当时浮华的弊端,使人心情平和,与《周易》中的损、谦、艮、节等卦的思想差不多,主要是教人谦下,退让,并没有主张"本无"的意思。

在养生问题上,他反对纵欲主义,也反对禁欲主义,从珍视肉体生命的观点出发,提出节欲的主张。他说:

"人之既生,以保生为全;全之所阶,以顺感为务。若味近以亏业,则沉溺之衅兴,怀末以忘本,则天理之真灭。故动之所交,存亡之会也。夫有非有,於无非无;於无非无,於有非有。是以申纵播之累,而著贵无之文,将以绝所非之盈谬,存大善之中节,收流遁於既过,反澄正于胸怀,宜其以无为辞而旨在全有,故其辞曰'以为文不足'。"

意思是说,人类化生以后,本性也有所偏,须以外物养生,才能使之全。而只有须从人对外物的感觉和需要去做,才能达到全,若是因为物欲而损害自己的职业身份,沉溺于物欲的祸患就发生了。正如《礼记·乐记》中所说"人生而静,天之性也;感于物而动,性之欲也……好恶无节于内,知(欲)诱于外,不能反躬,天理灭矣"。人一味追求物欲,而忘掉"静一",节欲的根本,就灭了天理。因此与外物的交接是存亡的关键,对欲望有适当节制则存,无节制则灭亡。事物在运动变化时,一方面是存在着,另一方面又不是原来的样子了,一部分有了消失和亏损。虽然有了消失和亏损,但却不是空无所有、归于虚无。这个论点肯定了有的绝对性,从养生观点看,是说纵欲贪生,反而使自己的生命遭到亏损,甚至死亡。对于物欲有节制,表面上看是有所亏损,但并不是消亡自己的生命,而是更好地保一了自己的生命。老子为了说明纵欲的害处,而著贵无之文,以防止他所反对的纵欲的荒谬行为,只有做到节制欲望,不放肆,使心情保持清朗纯正的状态,才是最佳的,所以老子讲"无为"的目的在于"全有"。即如《老子》十九章的"绝圣弃智,民利百倍;绝仁弃义,民复孝慈;绝巧弃利,盗贼无有"等论述。裴頠认为老子讲"绝圣弃智","绝仁弃义"、"绝巧弃利"的目的在于使"民利百倍","民复孝慈"、"盗贼无有"。他认为,老子的"无为"与"贵无"论的"以无为本",毫无共同之处。他批驳了"贵无"论,论证了"崇有"的正确性。

在社会问题方面,《崇有论》指出,"贵无"论,破坏了礼教和社会秩序,造成一种

放荡的生活风气,给社会带来了危机。他说:

> “遂阐贵无之议,而建贱有之论。贱有则必外形,外形则必遗制,遗制则必忽防,忽防则必忘礼;礼制弗存,则无以为政矣。”

裴颜指出,“贵无”论主张“贵无”、“贱有”,而“贱有”必把形体置之度外,外形则必遗弃一切礼制法度,遗制则必忽视防止人僭越名教的各种伦理规范,忽视则必忘掉封建社会的礼制,礼制不存,就无法维持封建社会的统治了。他指出,门阀士族贵族,“薄综世之务,贱功烈之用,高浮游之业,卑经实之贤”。结果形成一种只图享乐、安逸,不负责任的社会风气。“是以立言籍其虚无,谓之玄妙;处官不亲所司,谓之雅远;奉身散其廉操,谓之旷大”。这种荒淫放荡的生活风气,给社会带来危机。

在政治上,裴颜从封建地主阶级的长远利益考虑,反对“贵无”、“贱有”破坏封建礼教的行为。但认为“理既有之众,非无为之所能循也”,主张“用夫之道,分地之利,躬其力任,劳而后飨”;同时要“居以仁顺,守以恭俭,率以忠信,行以众让”。表现了他贵名教、轻自然和尚有为、卑无为的思想倾向。他主张举贤任能,提拔寒门庶族中有才干的人做官,反对当时只重视门第出身,不问优劣的任人路线,代表了寒门庶族阶层的要求。

第十三章 玄学化的佛教、道教哲学

东晋玄学是玄学发展的最后阶段，此时的特点是随着佛道二教的传播，玄学理论出现转折，玄学与佛道二教相互参融，出现了玄学佛学化和佛教、道教玄学化的特点，探讨的主要哲学问题也由本体论向人生论过渡。东晋玄学多是围绕个人的生死解脱问题展开哲学论证，代表人物是僧肇和葛洪，主要哲学论著是《肇论》和《抱朴子》。

第一节 《肇论》和玄学化的佛教哲学

一、《肇论》简介

印度佛教创始人释迦牟尼逝世百余年后，佛教分为上座部与大众部两派，公元1世纪，又从大众部各支部演化出大乘佛教，许多大乘经典也应运而生，这些典籍所代表的佛教哲学思维超过了原来的部派佛学。公元3—5世纪，大乘佛教又形成“空”“有”两宗，从不同角度对佛教基本教义进行庞大的理论加工。其中在中国最能体现这种加工理论成就的（也就是体现中国化佛教哲学体系成就的）是僧肇《肇论》中阐发的般若学理论，而它代表的是印度佛教哲学在中国的玄学化过程。

《肇论》的作者是僧肇（公元385－414年），他与僧融、僧睿、竺道生同为大翻译家鸠摩罗什高足，被称为“四圣”。《肇论》中的论文，也正是僧肇在协助鸠摩罗什译经、讲学中，深研佛理，独辟蹊径，综合当时玄学与般若学理论，建立了中国化般若空宗的哲学体系。他的基本哲学思想就体现在他《肇论》中的三篇哲学论文之中：《不真空论》中的“不真故空”的本体论，《物不迁论》中的“即动而求静”的运动观，《般若无知论》中的“无知，故无所不知”的认识论。

二、哲学思想概论

(一)万物不真故空的本体论

《不真空论》是僧肇兼融佛道二家思想所写就的一篇探讨世界本体与现象关系的哲学论文。该论文开宗明义地指出世界上的万物从根本上说是否真正存在这一本体论的哲学问题,也就是说从万物本身来洞察应是一个什么样的结论,他说:

"夫至虚无生者,盖是般若玄鉴之妙趣,有物之宗极者也。"(《不真空论》)

他认为,一切都是虚无,没有实体,这是般若深远神妙的原则,也是一切事物的最高原则。他进一步论证说:

"万象虽殊,而不能自异;不能自异,故知象非真象。"(同上)

意思是说,万物看来是多种多样的,但这些差别是人们强加给他们的,并不是事物真正的差别;他认为世界万物都是虚幻不真的,但作为幻象依然存在。也就是说,并不是说世界上没有各种现象存在,而是说任何现象都是人的幻象。所以他说:

"如此,则非无物也,物非真物;物非真物,故于何而可物?"(同上)

僧肇的思想,是对印度大乘般若学"空观"理论的进一步发挥。"空观"理论的哲学核心是论证客观方面诸法"缘起性空",又肯定主观方面的智慧能够洞察这种"性空"。僧肇用玄学思想又进一步发挥了这种理论。

他认为,不能说是没有物,只是物不是真物,是人们的幻觉,因此,一切都是虚无。他批评"本无"派,为了论证佛法般若学说的精神性本体的永恒性,极力强调本体和现象的差别,认为本体是不变的、根本的,是与一切具体事物绝对对立的。他认为"本无"派的缺点是把"有"从无中割裂出来,把世界分成互不相通的两部分,好像是抬高了无(本体)的地位,但又没有把物质世界(现象界)彻底取消。他说:

"可必非有无此有,非无无彼无?"(同上)

意思是说,一定要说非有,就是没有这个有,非无,就是没有那个无,对于事实是不好解释的。他认为,最好是根本上取消外物的存在,而不是强调无(本体)为真实,现象为虚幻。他说:

“以物物于物，则所物而可物；以物物非物，故虽物而非物。是以物不即名而就实，名不即物而履真。”（同上）

意思是说，用物的名称加给非物，那么它虽然被加上物之名，而实际上不是物。也就是说，物不是由于它有了物之名，就符合于物之实；物之名也不是它加给了物，它就是真实的。因此僧肇认为名与实是没有关系的。他说：

“以名求物，物无当名之实；以物求名，名无得物之功。物无当名之实，非物也；名无得物之功，非名也。是以名不当实，实不当名，名实无当，万物安在。”（同上）

他认为，名和实不存在一个代表另一个的问题，因为名是空的，实也是空的，何尝有万物的存在。在名实关系上，过去的唯心论哲学都认为“名”（概念）是第一性的，“实”（概念所指的具体事物）是第二性的。僧肇认为，如果承认名先实后，名是第一性的，实是第二性的，实际上仍然承认实（具体事物）是存在的，它认为这样还不彻底，因此他从根本上取消了名和实，认为二者都是空的。从而使他的唯心主义更彻底了。

他批评“心无”派，只是要从主观上排除万物（外界）对心的干扰，并没有进一步论证万物是空无。他说：

“心无者，无心于万物，而万物未尝无。此得在于神静，失在于物虚。”（同上）

他认为这一派的优点是可以使人保持心神的安静，其错误在于没有取消外界事物的存在，承认心外有物，这样会给唯物主义留下一定的地盘。

他批评“即色”派，只是论证了物质世界不是自己形成的，而没有进一步认识到物质世界根本就不具有物质性。他说：

“即色者，明色不自色，故虽色而非色也。夫言色者，但当色即色，岂待色色而后为色哉？此直语色不自色，未领色之非色也。”（同上）

意思是说，“即色”派，既然论证了物质世界不是自己形成的，也就不能把外界万有看做是物质的。然而“即色”派却没有进一步认识到物质世界根本不具有物性。这里也批评了郭象、向秀的“独化”派，只讲万物独化，否认有物质性的共同实体，但没有指明独化的万物本身就是空的。僧肇认为，这还不够彻底，没有彻底否认外部物质世界的存在。

最后,《不真空论》得出结论说:

> "有若真有,有自常有,岂待缘而后有哉?譬彼真无,无自常无,岂待缘而后无也。若有不能自有,待缘而后有者,故知有非真有。有非真有,虽有不可谓之有矣。不无者,夫无则湛然不动,可谓之无。万物若无,则不应起。起则非无。以明缘起,故不无也。"

意思是说,世界如果是真正的有,它就是应当不需要任何条件(缘)永远存在(有),但事实上有是待缘而有,而缘是假有,可见有是不真实的。如果说世界一切是无,它应当永远是无,即使有了条件也不能产生物。可见又不能说一切是无。《不真空论》主张把"有"(现象)和"无"(本体)两个方面结合起来。他说:

> "欲言其有,有非真生;欲言其无,事象既形。象形不即无,非真非实有。"(同上)

他认为,"有"是有其事象,"无"是无其所性。说万物的"有",只是一种假用的称号(假名),非事物本身所固有,不过是虚幻的;就像幻影一样,幻影出现在人们面前,并不能说它是假的,而是明确地认识到它是幻影,就不会受虚假现象所蒙蔽。他认为万物非有非无,本无自性,假有不真,不真则空,谓之"不真空"。《不真空论》在于论证事物虚假不真,是空的。

同《不真空论》的唯心论体系相联系的是他的《物不迁论》的形而上学思想。他在《物不迁论》一开头就说:

> "夫生死交谢,寒暑迭迁,有物流动,人之常情。余则谓之不然。何者?放光云'法无去来,无动转者'。寻夫不动之作,岂释动以求静,必求静于诸动。必求静于诸动,故虽动而常静;不释动以求静,故虽静而不离动。"(《物不迁论》)

意思是说,生和死交互消逝,寒与暑相互更替,认为事物在流动变迁,这是一般人的看法,然而事实上不是这么回事,为什么呢?"放光"(佛经名,又名《放光般若经》笔者注)说:"事物或现象无去无来,不运动不流转。"寻找佛经所说的不动的意义,不能离开运动的现象,另外要寻求静止,而要通过表面上运动着的现象去寻求永恒静止的意义。运动着的现象实际上是静止的,所以动静没有区别。僧肇承认一般人所说的生与死的交互消逝、寒与暑相互更替的所谓变化的现象,但他认为这都不是真的,只是一种幻象,实质上事物是不变迁的。他论证说:

"求向物于向，于向未尝无；责向物于今，于今未尝有。于今未尝有，以明物不来；于向未尝无，故知物不去。复而求今，今亦不往。是谓昔物自在昔，不从今以至昔；今物自在今，不从昔以至今。"（《物不迁论》）

意思是说，在过去的时间里找过去的事物，它在过去未尝没有存在过；在现在的时间里找过去的事物，的确找不到它。既然现在不包括过去的东西，可见过去的事物不曾延续到现在；过去的时间里只能包括过去的东西，可见事物不曾延续到将来。反过来看，现在的事物和将来的关系也是这样，现在的事物不会延续到将来。这就说，过去的事物只能存在于过去，不应从现在联系到它的过去，现在的事物只存在于现在，不应从过去延续到现在。这里僧肇从只承认事物变化、运动的间断性，而否认事物变化、运动的连续性，割裂事物的过去、现在和将来的连续性，从而得出结论：世界上一切看来有联系的现象，只不过是人的幻觉，事物自己是随生随灭，没有一刻的停留（刹那生灭）。他认为，世界上根本没有物质性的东西，没有一个变化的主体，剩下的只是一些不连贯的、片断的幻象。僧肇的形而上学和他的唯心主义一样比他的前人更精致了。汉代董仲舒说，"天不变，道亦不变"，直接否认事物是运动变化的；而僧肇承认有变化运动的现象，但那都是假的，是幻象，以此论证世界上的事物实质是不变的。他甚至说：

"旋岚偃岳而常静，江河竞注而不流，野马飘鼓而不动，日月历天而不周。"（同上）

意思是说，狂吹着的暴风十分安静，滚滚的江河不再奔流，飘荡着的微尘没有游动，经天的日月未尝巡回。可见他置事实而不顾，只是从纯概念圈子里论证他的唯心论的本体是绝对静止的。

辩证唯物主义哲学认为，运动是物质的运动，运动和物质不可分割。僧肇认为世界上的物质都是"不真"的，是一些幻觉，是虚无；这就为它否认变化、运动的形而上学提供了基础，唯心主义和形而上学有着内在的必然联系。

僧肇还通过割裂因果关系，来否定运动。他说：

"果不俱因，因因而果；因因而果，因不昔灭。果不俱因，因不来今。不灭不来，则不迁之致明矣。"（《物不迁论》）

意思是说，原因和结果不能同时出现；结果因原因而产生，但结果不等于原因；原因在先，结果在后。原因在过去，结果在现在，过去的原因，不是现在的结果。所以说事物是不变化、运动的。僧肇通过形而上学的割裂因果关系，达到否认、取消了因果关系，来为他的“物不迁”做论证。这里他把运动、变化和事物的物质性割裂开来，时间就成了空洞的框子。恩格斯指出：“物质的两种存在形式离开了物质，当然都是无，都是只在我们头脑中存在的空洞的观念、抽象。”(《马克思恩格斯选集》第 3 卷，第 566 页)僧肇所谓的“过去”、“现在”、“将来”，只是在观念里虚拟的形式，而不是物质运动的形式，所以他才能虚构出“不迁”的结论。

僧肇在《般若无知论》中宣扬不可知论的认识论。般若即佛教所谓神秘的直观，它是凌驾于一切感性认识与理性认识之上的神秘的认识能力，这种神秘的直观的对象是以精神性的本体即空寂为对象的。般若的智慧所认识的不是一般的事物，而是佛教的最高本体(真如或佛性)，对于它感性认识和理性认识都是不起作用的。世俗人类对具体事物的认识能力是不能认识佛教的最后真理的。他说：

“有所知则有所不知；是以圣人无知，故无所不知。不知之知，乃曰一切知。”(《般若无知论》)

他不承认一般人的正常认识是认识，也不承认这种认识所获得的知识是真正的知识。他认为，世界本来是虚幻的，它没有固定的实体作为被认识的对象；一般人所看到的事物，不过是片断的、不相联贯的幻想。对于这样虚幻的世界，“圣人”也是不能认识的。

僧肇的不可知论，比庄子《齐物论》所讲的“无是无非”的相对主义怀疑论又深入一步；他认为世俗人认识的对象是幻相，而般若(圣智)的神秘的直观的对象是精神性的本性，它的特点是“实而不有，虚而不无”，并且是最真实的实体，但又不同于具体事物的存在；是无形的，但又是最真实的实体。只有佛才能做到“空洞其怀，无识无知，然居动作之域而止无为之境，处有名之内而宅绝言之乡。”(《答刘遗民书》)做到无和无欲的境界，这是教人放弃对现实世界进行认识，虽然生活在现实世界之内，而精神上却要超脱现实世界，以本体世界为最后归宿。

第二节 《抱朴子》玄学化的道教哲学

《抱朴子》，因作者葛洪(公元 284—364 年)自号抱朴子，以号命名其书，内篇二十卷，外篇五十卷，内篇论神仙等事，外篇则评论时政、人事、天人之事。

葛洪的最大贡献是使道教学说系统化和理论化，并把它和儒家和当时的玄学思想结合起来。葛洪以前的道教理论缺乏体系，葛洪创建了以“玄”为核心的道教思想体系。他认为“玄”是天地万物的本原。他说：

“玄者，自然之始祖，而万殊之大宗也。”（《抱朴子内篇·畅玄》以下只注篇名）

他认为，“玄”是天地万物的始祖、本原。它“来焉莫见，往焉莫追”。“玄”本身是深微奥妙、难以捉摸、无法描述的，所以名之曰“玄”。“玄”的作用神通广大，它能使“乾以之高，坤以之卑，云以之行，雨以之施。胞胎无一，范铸两仪，吐纳大始，鼓冶亿类”（《内篇·畅玄》）。他认为，天高、地下、云行、雨施等等，天地间的一切都是由于“玄”的作用。他把“玄”也称为“道”。他说：

“道者，涵乾括坤，本无其名。论其无，则影响犹为有焉。论其有，则万物尚为无焉。”（《内篇·道意》）

他认为“道”是处于恍惚迷离于有、无之间，也是囊括天地万物的东西。他又说：

“片言道者，上自二仪，下逮万物，莫不由之。”“道也者，所以陶冶百氏，范铸二仪，胞胎万类，酝酿彝伦者也。”（《内篇·明本》）

可见，他所说的“道”与“玄”一样，是生成天地万物的本原。“玄道”在葛洪这里并不是一种物质实体，而是一种超越时间的永恒不变的神秘的精神实体。他说“其唯玄道，可与为永”。这样的“玄道”客观上是不存在的，只是从内心虚构出来的。这里表现了他的唯心主义的宗教观。

他把修炼“玄道”，看做是修炼成仙的根本途径。他说：

“道也者，逍遥虹霓，翱翔丹霄，鸿崖六虚，唯意所造。”（《内篇·畅玄》）

“玄道者，得之乎内，守之者外，用之者神，忘之者嚣，此思玄之要道也。”（《内篇·畅玄》）

他认为，通过“思玄”可以达到成仙的目的。“玄”和“道”与“一”相通。他说：“道起于一，其贵无偶。”“一能成阴生阳”，四时寒暑的变化都依赖于“一”，有了“一”，春能发生，夏能成长，秋能收，冬能藏。它的大身，大到四方都可以容纳，小到毫芒不可比拟。“视之不见，听之不闻；存之则在，忽之则亡；向之则吉，背之则凶。”（《内篇·地真》）“一”表现为“真一”、“玄一”，它们都是神秘的东西。真一之道和玄一之道都是通神求仙的重要方法。所以他说：

“玄一之道，亦要法也。无所不辟，与其一同功。吾内篇第一名之为《畅玄》者，正以此也。守玄一，复易于守真一。”（同上）

葛洪也论述了有无、形神关系。他说：

“有因无而生焉，形须神而立焉。有者，无之宫也。形者，神之宅也。故譬之于堤，堤破则水不留矣。方之于烛，烛糜则火不居矣。身劳则神散，气竭而命终。根竭枝繁，则青青去木矣；气疲欲胜，则精灵离身矣。”（《内篇·至理》）

从这段话看，他先承认“有”依赖于“无”而产生，“形”依赖于“神”而存在，认为“无”和“神”都是根本的、第一性的，“有”和“形”是派生的、第二性的，表现了唯心主义的立场。可是他的“有者，无之宫也；形者，神之宅也”等论述又同唯物主义观点相一致。这也是葛洪思想体系的一个特点。葛洪既讲道教或仙，又讲医学、炼丹术。讲道教或仙，必然同唯心主义结缘，讲医学、炼丹术，则表现唯物主义。他在《内篇》中，更多地表现道教唯心主义；而在《外篇》及其他著作中的唯物主义观点也不少见。如在《外篇》中，他承认“王仲任（王充）作《论衡》八十余篇，为冠伦大才”，而《论衡》恰恰是反对宗教迷信的元气唯物主义的杰作。但道教炼形的最终目的在于炼养精神，成为神仙，长生不死，这无疑是唯心主义的。他认为要修炼成仙，须要内炼精神，外服丹药。他说：

“道引行气，还精补脑，食饮有度，兴居有节，将服药物，思神守一。”（《内篇·至理》）

又说：

“五谷犹能活人，人得之则生，人绝之则死。又况于上品之神药，其益人岂不万倍于五谷耶？”（《内篇·金丹》）

他认为，丹药烧之愈久，变化愈妙；黄金入火，百炼不消，永远不朽；服食金丹，“炼人身体，故能令人不老不死”（同上）。他说：“小丹之下者，犹自远胜草木之上者”（同上）。因为一般草木烧了就变成灰烬，而丹砂烧了变成水银，积变又还原成丹砂，所以丹药能使人长生。可见，他这些论证是毫无道理的，因为人吃五谷，可以养身健体，人吞下百炼不消的黄金，却要呜呼丧命。这种机械比附是毫无科学根据的。古代炼丹术成为化学科学的前身，而炼丹的目的却是不科学的。

在儒道关系上，他企图调和儒道的矛盾。他说：“道者儒之本也，儒者道之末也。”(《内篇·明本》)“道者万殊之源也,儒者大淳之流也。”(《内篇·塞难》)他认为,道是天地万物、社会伦理名教的本体、本原,因此道教是儒教的根本,儒教是道教在社会伦理方面的表现,道教采取儒家伦理道德学说,道教与儒教有共同之处。他认为,道教与道家学者老庄之说毫无共同之处。《内篇·释滞》中说,老子五千言都是泛论,不切实用,庄子关尹全无至理,以生存为徭役,以死亡为休息,离神仙家千万里。他认为要成仙,首先要作人,要扶危济困,帮人消灾免祸。他说:

> “为道者当先立功德……为道者以救人危,使免祸;救人疾病,令不枉死,为上功也。欲求仙者,要当以忠孝和顺仁信为本,若德行不修而但务方术,皆不得长生也。”(《内篇·对俗》)

他认为要修道成仙,首先要做儒家的“圣人”,按照儒家名教纲常去做。他主张“内宝养生之道,外则和平处世。治身而身长修,治国而国太平。以六经训俗士,以方术授知者。”(《内篇·释滞》)

葛洪认为,道教不应脱离人世。他说:

> “若丢弃妻子,独处山泽,邈然断绝人理(伦理),决然与木石为邻,不足多也……求长生者,正惜今日之所欲耳(世俗生活),本不汲汲于升虚(到天上)以飞腾为胜于地上(人间世)也。若幸可止家而不死者,亦何必求于速登天乎。”(同上)

葛洪认为,道教并不是想脱离人世,相反,它幻想着求得一种吃了可以不死的药物,永远享受人世间的乐趣。一般宗教都宣扬禁欲主义,葛洪的道教和儒家结合,并不禁欲,它与儒家不同的主要是追求长生不死。

葛洪反对社会上“结党营私风气”,提倡“知人善任”。他认为“同乎己者,未必可用;异于我者,未必忽也。”(《清鉴》)他主张量材录用,反对任人唯亲,结党营私。他对魏晋以来的虚无放诞之风进行尖锐的批判。他指出“背叛礼教而放肆邪僻”的行为,简直“使人不忍论也”(《刺骄》),主张立言应有助于教化。

葛洪的著作及其思想在我国道教史和学术史上有重要的影响。他不但创造了道教思想体系,而且是东晋以前的神仙方术的集大成者。在炼丹史上第一次辑录了许多炼丹的方法。《内篇·金丹》、《内篇·黄白》两篇中有些方法和理论是实验的记录和总结,对医学和化学有很大的贡献。他整理和记载了当时流行的各种炼丹术,实质是化学的雏形和准备阶段。在他的著作中整理保存了许多我国早期的医学典籍和民间方剂。现存葛洪的《肘后备急方》,在若干病症的医疗方面,确为临床经验的总结，有独到之处。可见，他不仅是一位道教理论家，而且是原始化学的实验室和医学家。他论物类变化，重视人工制造，认为人工可以此奉天工。他说：

> “铅性白也，而赤之以为丹；丹性赤也，而白之而为铅。云雨霜雪，皆天地之气也，而以药作之，与其者异也。”(《内篇·金丹》)

他所说的，以人工的方法制造云、雨、霜、雪的思想，不仅新颖而且有科学意义。《抱朴子·外篇》，不见怪诞的语句，主要是对前人思想文化的评论。如在《诘鲍》篇中，用荀子和韩非子的观点驳斥道家鲍敬言“古者无君，胜于今世”的谬论，表现出在社会进化的思想。又如他在《尚博》篇中说：

> “俗士多云，今山不及古山之高，今海不及古海之广，今日不及古日之热，今月不及古月之朗。何肯许今之才士，不减古之枯骨，重所闻，轻所见，非一世之所患矣。”(《尚博》)

他认为，主张今不如昔，重历史传说，而轻现实之所见，是中国人的通病。在《汉过》篇中又说：

> “反经诡圣，顺非而博者，谓之老庄之客……左道邪术，假托鬼怪者，谓之通灵神人；卜占小数，诳饰祸福者，谓之知来之妙。”(《汉过》)

意思是说，反对儒经，违反周公、孔子等圣人，顺非而博者，称作老庄之徒；以左道邪术，假托鬼怪者，称为通灵神仙；用占卜小数，诳饰祸福的人，称为知未来之妙。这里他不仅非议了老子、庄子的道家学派，也否定了今文经学和阴阳五行学派，甚至连自己《内篇》所讲的那些神仙方术也被否定了。其实葛洪的道教，导入玄学更富哲理思想，其修行也，主要是教人炼身、炼丹，追求长生不死。同讲鬼怪的“左道邪术”是有区别的。

第十四章

《神灭论》和无神论的形神观

第一节 《神灭论》简说

形神观是有神论、无神论辩争的核心哲学问题。而南北朝时期，以不同形神观为基础的神灭、神不灭大辩争，是中国无神论史上极其光彩的一页。其标志是在当时崇佛的高潮中，范缜鲜明地提出“神灭论”的观点，并写成无神论巨著《神灭论》。该书收于《梁书·范缜传》和《弘明集》内。

《神灭论》主张精神依存于形体，“形存则神存，形谢则神灭”。人的精神只是形体所发生的作用，而形体则是精神所存属的实体；精神不能离开肉体而独立存在。形神的关系犹如刀刃与利的关系，利与刀刃名实不同，但舍利无刃，舍刃无利，两者相互依存，不可分割。此论代表了中国古代无神论形神观的最高水平，为中国思想史上反对佛教“神不灭”论的最有贡献的文献之一。

《神灭论》成书在一个特殊的思想背景下，作者范缜(公元450—515年)，字子真。在南朝宋齐梁统治之时，由于自魏晋以来统治者提倡支持，佛教得到了广泛传播、发展，可谓“南朝四百八十寺，多少楼台烟雨中”。门阀士族封建统治者，利用佛教关于灵魂不灭、“因果报应”的说法，来为自己的统治作论证，因此大兴佛教。齐竟陵王肖子良曾设斋，大会众僧，亲自给僧众送水送饭。梁武帝常年吃斋信佛，还三次把自己舍给寺院当服役的人，朝廷百官花了许多钱，才把他赎回来。他一生著作很多，《梁书·武帝本纪》称“帝作《涅槃》、《大品》、《净名》、《三慧》义记百卷”。他还宣布“唯佛一道是为正道”，把佛教定为国教，并号召王公百官都来信佛。谁要反对佛教，就要遭到围攻。

另一方面，由于“宗教是无情世界的情感，是被压迫生灵无可奈何的叹息”(马克思语)。在社会黑暗，政治动荡的魏晋南北朝时期，许多人也投身佛教，寻找精神安慰。再者，由于佛教僧众可以免税、免役，投身佛教的人越来越多，所谓“天下户口几亡其半”。这也带来了严重的社会经济危机，正是在这种社会的思想背景下，范缜从偶然论的元气自然论立场，坚决反对佛教迷信的“灵魂不灭”、因果报应等说教。《南史》本传说：“子良精信释佛，而缜盛称无佛。子良问曰：‘君不信因果，何得富贵金钱？’缜答曰：‘人生如树花同发，随风而堕。自有拂帘幌坠于茵席之上；自有关篱墙落于粪溷之中。坠茵席者，殿下是也；落粪溷者，下官是也。贵贱虽复殊途，因果竟在何处？’子良不能屈。”

佛教认为人死灵魂不灭，人生时灵魂寄托在此人的肉体中，死后，灵魂又移居到另一肉体上去。灵魂在“前世”的行为种下了“因”，在今世要得到相应的“果”。如果“前世”作了“好事”，“今世”就富贵；“前世”作了“坏事”，“今世”就贫贱。为“善”，死升天堂；作“恶”，死入地狱。萧子良用这种因果报应迷信为理由来质问范缜说，你不相信因果报应，世界上为什么会有人富贵，有人贫贱，有人享福，有人受苦呢？

范缜从偶然论和元气自然论出发，指着庭院盛开的花树说，人生好像树上的花，有些花瓣被风吹落到厅堂上，飘落在席上、坐垫上，也有些花瓣被风吹落到厕所里，这完全是自然的现象，偶然的机会，没有什么因果报应。像你，生在皇族、享富贵，就像飘落在席上、坐垫上的花瓣一样，像我，一生不幸，就像飘落在厕所里的花瓣一样。人的富贵贫贱，只不过是遭遇不同，绝不能作为“因果关系”的“根据”，所以，他反问道，社会上虽然有富贵贫贱的不同，但“因果”究竟在哪里呢？他坚决反对佛教所鼓吹的因果报应论。

范缜用这个机智而又生动的比喻，把萧子良驳得闭口无言。萧子良派王融劝范缜说：“你如果肯放弃了你的神灭论主张，按照你的才能，何愁不能做中书郎呢？”范缜大笑说：“假如我肯出卖我的神灭论主张，‘卖论买官’的话，恐怕早已做了宰相了。”还有一个叫王琰的佛教信徒当面辱骂他说：“范先生啊！你竟连你的祖先的神灵在哪里都不知道了，多么不孝。”范缜针锋相对地回答说：“可怜的王先生啊！你既然知道你的祖先的神灵在哪里，为什么不自杀去找他们呢？”驳得他哑口无言。后来他做宜都太守，不信鬼神，下令毁掉一切神庙，其无神论气概可见一斑。

萧衍当了皇帝（即梁武帝），继萧子良之后，又一次发动对范缜更大规模的围攻，甚至用谩骂来威胁说，《神灭论》是“违经背亲，言语可息”、“神灭之论，朕所未详”，企图迫使范缜放弃真理。但他毫不屈服，勇敢地接受了皇帝的挑战，并亲笔写《神灭论》，系统地论述了他的“神灭论”主张。

第二节 "形神相即"的无神论哲学

在《神灭论》中，范缜高举无神论大旗，对佛教神学的"神不灭论"给予深刻的批判。"神不灭论"的理论基础是认为灵魂可以离开肉体而独立存在。为了从理论上摧毁佛教神学的"神不灭论"，范缜在《神灭论》中对形神关系问题，作了深刻的唯物主义论证。

第一，他首先提出了"形神相即"的立论。他说：

"神即形也，形即神也，是以形有则神存，形谢则神灭也。"(《神灭论》)

在这里"即"是不能分离的意思，也就是说"形"与"神"是不能分离的。所以他把这种形神关系又叫做"形神"不二，或形神"不得相异"。但并不能把形与神看做是完全相等的。在范缜看来，形与神是既有区别又有联系的不可分割的统一体。所以他说，形和神是"名殊而体一"，这是形神一元论。同时范缜强调物质的"形"是第一性的，是决定"神"的。他说："形存则神存，形谢则神灭。"这就是说，形体是基础，精神是派生的，离开形体则没有独立不灭的精神。所以说范缜是唯物主义地解决了形神关系。

范缜在《答曹舍人》中，对曹思文、萧琛的论据进行了反驳。他说，古代传说秦穆公梦游天宫时，也是耳听优美的音乐，口尝各种美味，居住高大的宫殿，身穿漂亮的衣服。可见，即使人在梦中，精神也必须依赖于形体，才谈得上享受；离开了肉体，连梦中的见闻，享受也是不可能的。他反驳"神游于蝴蝶"的诡辩论。他说，庄周做梦变为蝴蝶是真的吗？如果是真的，那么梦中变为牛马也应该是事实，而当醒来时，就应该是死牛死马，但实际上并没有。可见用梦中来论证神不灭，反对神灭论，这在理论上是根本站不住脚的，是一种诡辩。恩格斯曾提出："在远古时代，人们还完全不知道自己身体的结构，并且受梦中景象的影响，于是就产生一种观念；他们的思维和感觉不是他们身体的活动，而是一种独特的、寓于这个身体之中而在人死亡时就离开身体的灵魂的活动。"(《马克思恩格斯选集》第 4 卷，第 219 页)在古代，形神关系是唯物主义和唯心主义斗争的一个焦点。范缜在这个基本问题上，坚持了唯物主义路线，并给佛教神学唯心主义有力的批驳。

第二，进一步论述了形"质"神"用"的观点。他说：

"形者神之质，神者形之用；是则形称其质，神言其用，形之与神，不

得相异也。""名殊而体一也。"(《神灭论》)

所谓"质"是主体、实体的意思，所谓"用"，是作用，派生的意思。他用"质"和"用"的关系来说明形与神的特点和关系，论述了形体和精神不是两个东西，是"名殊而体一"。所谓"用"就是"质"之用。他进一步用"刀刃"和"锋利"的关系，生动形象地说明形"质"神"用"的观点。他说：

"神之于质，犹利之于刃；形之于用，犹刃之于利。利之名非刃也，刃之名非利也。然而舍利无刃，舍刃无利，未闻刃没而利存，岂容形亡而神在。"(《神灭论》)

他指出精神和形体的关系，就如锋利和刀刃的关于一样，二者既有区别又有联系。锋利不就是刀刃，刀刃也不就是锋利；但是离开了锋利就无所谓刀刃，离开了刀刃也就无所谓锋利。从来没有听说过刀刃不存在而锋利能单独存在的，岂能认为形体死亡了而精神还能单独存在呢？范缜用这个比喻深入浅出地论证了"形神相即"，"不得相异"的唯物主义观点。

第二，指出"精神"是人"质"特有的作用。

当佛教徒反驳范缜的"神者形之用"的观点时，质问说：

"木之质无知也，人之质有知也。人既有如木之质，而有异木之知，岂非木有一，人有其二邪？"(《神灭论》)

人的"质"和树木的"质"是一样的，而树木无知觉，人却有知觉，以此否认精神是形体的作用。范缜反驳说：

"人若有如木之质以为形，又有异木之知以为神。则可如来论也。今人之质，质有知也；木之质，质无知也。人之质，非木质也；木之质，非人质也。安有如木之质而复有异木之知哉？"(《神灭论》)

意思是说，不同的质有不同的作用，人的质具有精神活动的作用，而树木的质不具有精神活动的作用，因此不能说树木的质具有不同于树木质的人的质的作用。人没有"无知"的形体，树木也没有"有知"的形体。"有知"与"无知"都是不同物体所特有的质所决定的。离开人特定的"质"，也就不会有所谓独立存在的精神和灵魂了。这段话较为深刻地论述了精神是人质特有的功能和作用。

第四，提出了精神活动是以一定的生理器官为基础的。

范缜把人的精神现象分为两部分：一是具有痛痒的感觉、知觉的精神现象，叫做“知”；二是具有判断是非的思维，叫做“虑”。他认为二者有程度上的差别。他说“浅者为知，深者为虑”，但“皆是神之分也”。它们是统一的人的精神活动的两个组成部分，就像“手足虽异，总为一人；是非痛痒，虽复有异，亦总为一神矣”（《神灭论》）。

他进一步指出，各种精神活动都是以一定的生理器官为基础的。如痛痒的感觉以手脚为基础，听的感觉以耳朵为基础，视的感觉以眼睛为基础；而判断是非的思维（虑）活动则是以心为基础的。他说：“是非之虑，心器所主”，“心病则思乖，是以知心为虑本。”（《神灭论》）因为心脏得了病，思维活动就会混乱，所以说心脏是思维的器官。他认为“圣人”所以与众不同，在于他们有特殊的器官。他说：

> “是以八采重瞳，勋华之容，龙颜马口，轩皞之状：此形表之异也。比干之心，七窍并列，伯约之胆，其大若拳；此心器之殊也。是以知圣人定分，每绝常区，非惟道革群生，乃亦形超万有。”（《神灭论》）

其意为，尧有八采的眉毛，舜有双瞳孔的眼睛，黄帝的前额像龙，皋陶的口形像马，这些都是身体外形的特殊；比干的心七个孔窍并列，姜维的胆有拳头那样大，这些都是内部器官的特别之处。可见，圣人的形体器官常常与平常人不一样，圣人不仅在道德上超出众人，就是在形体上也是与众人不同的。

在这里我们看到，范缜把“心”作为思维的器官，还不懂得人脑是思维的器官；用圣人具有特殊的器官来说明圣人具有特殊的品质和才能，是不科学的。但是他坚持用物质的器官来说明精神的活动，坚持物质决定精神，精神是物质的属性这一唯物主义基本原则，是难能可贵的。在当时反对佛教的“神不灭论”的斗争中，起到积极的战斗作用。

范缜在不朽的巨著《神灭论》中，不仅从哲学的世界观的高度彻底地批驳了佛教的“神不灭论”，而且还深刻地揭露了统治阶级大兴佛教所给社会带来的恶果。他说：

> “浮屠害政，桑门蠹俗，风惊雾起，驰荡不休。君哀其弊，思拯其溺。夫竭财以赴僧，破产以趋佛，而不恤亲戚，不怜穷匮者何邪？良由厚我之情深，济物之意浅。是以圭撮涉于贫友，吝情动于颜色；千钟委于富僧，欢意畅於容发。岂不以僧有多余之期，友无遗秉之报，务施阙于周急，归德必于在己！又惑以茫昧之言，惧以阿鼻之苦，诱以虚诞之辞，欣以兜率之乐。故舍逢掖，袭横衣，废俎豆，列瓶钵，家家弃其亲爱，人人

绝其嗣续。致使兵挫于行间，吏空官府，粟罄于惰游，货殚於土木。所以奸究弗胜，颂声尚拥，惟此之故也。"(《神灭论》)

意思说，在佛教神学的蛊惑下，人们宁可倾家荡产去求僧拜佛，却不肯照顾亲友，怜惜穷困，这是因为人们自私的打算过多，救人的意思太少。因此，送穷朋友一把米，吝惜的情绪就流露在脸上，捐赠豪富的和尚上千石的粮食，反而从内心到汗毛都感到舒服。因为穷朋友是不会有一升半斗的报答的，而和尚则有进天堂的许诺。佛教用蒙昧的言词引诱人，用天堂的快乐招引人。致使人们抛弃了儒者的服装，披上僧人的袈裟；废掉传统的礼器，接受佛教的衣钵。造成家家骨肉分离，人人子嗣绝灭，以至于士兵在战争中挫败，官吏在衙门中缺额；粮食被游手好闲的僧人吃光；财富被奢侈的寺院建筑耗尽！所有这些对于行政秩序、社会风气以及人口、生产、军事、财政等带来的恶果，都是倡导佛教造成的，如不禁止，它的祸害将无边无际。

《神灭论》发表后，如刀的锋芒令梁武帝极为恼怒，发动"王公朝贵"六十四人发表了七十五篇反驳的文章，力图压服范缜。但范缜坚持论战，维护真理，其《神灭论》也和王充的《论衡》一起，成为中国哲学中无神论的两面旗帜，对后世无神论哲学影响深远。

第四编

隋唐哲学论著及佛学发展

第十五章 隋唐佛教哲学

第一节 概说

佛教哲学理论在隋唐得到了空前的发展，突出表现为佛教宗派的创立与发展，各派思想从理论上进一步体系化、中国化。虽然如净土宗、律宗、密宗主要宣传宗教实践，缺乏理论创造，但三论宗、天台宗对《肇论》思想的进一步阐发，唯识宗带有佛教经院哲学色彩的名相分析，特别是华严宗和禅宗，更是会通佛教各宗理论，与中国传统思想结合，在哲学理论上别开生面，完成了中国化的佛教。而且，他们的思辨结构是宋明理学、心学的重要来源。

总体上讲，本时期佛教哲学具有一般的思辨结构。佛教基本是一种自我意识、自我觉悟的哲学，对自我意识的能动性的夸大使其愈来愈否定对象意识，甚至否定万物存在的真实性。佛教哲学的思辨，一方面以“诸法缘起性空”抽空客观物质世界的实在性，另一方面又强调必须彻底自我否定、自我空虚，才能找到一条“证悟”途径，可见，宗教毕竟是宗教，“就是人的自我空虚行为”，“就其本质来说就是剥夺人和大自然的全部内容，把它转给彼岸之神，然后彼岸之神大发慈悲，把一部分恩典还给人和大自然。只要对彼岸幻影的信仰还很强烈、很狂热，人们就能用这种迂回的方法取得一些内容”。(《马克思恩格斯全集》第 1 卷第 647、648 页)大乘佛教强调既空“我执”又空“法执”，然后才能得到“般若波罗密多”——游到彼岸的智慧，其实质仍然是彼岸之神大发慈悲而得到“解脱”。

但佛教哲学的方法论，对中国哲学的发展也不乏积极意义。特别是佛教哲学的思辨性特点提高了中国哲学家的逻辑、哲理、体系的兴趣，为建立中国哲学本体论、认识论体系功绩不小，这一点从唯识宗、禅宗对宋明理学体系的影响可见一斑。因为相对于以前的哲学来讲，宋明理学的逻辑体系严谨多了。

佛教的兴盛，也引起反佛思想的发达。其一是韩愈为代表的以得孔孟道德自居，陈言佛教弊害“欲明先王之道以道之”的天命论哲学和心性理论。其二是柳宗元的《天说》、《天对》，刘禹锡的《天论》三篇，阐发“天与人交相胜”的命题，反对玄佛的空无本体论，代表着对儒学的革新。

第二节　“唯识论”和佛教大乘有宗哲学

一、“唯识论”简说

“唯识论”是唐代佛教唯识宗（又称法相宗）最基本的哲学原理，意思是说一切外物都是由识引起的。其创始人玄奘，名祎，俗称“唐僧”，通称“三藏法师”，俗姓陈。他生于隋文帝开皇二十年（公元600年），卒于唐高宗麟德元年（公元664年），洛州偃师（今河南省偃师县缑氏镇）人。他是我国唐代佛学家、佛经翻译家。

玄奘因家境贫寒，少时随二兄长捷法师住寺院，十三岁于洛阳净土寺正式出家，二十一岁受具足戒。后游历各地，遍访名师，学习各种经论，感到各师说法不一，各种经典所说也多歧异，决心西行求法，以释所惑。贞观三年（公元629年），长安一带连遭灾荒，朝廷准允四出就食，玄奘趁机离开长安，开始了艰苦卓绝的求法之行。他经甘肃敦煌，再经今新疆和中亚等地，历尽艰险，终于到达中印度摩揭陀国王舍城，入当时印度佛教的最高学府，即那烂陀（施无厌）寺，被推为深通三藏的十德之一，极受礼遇。他从该寺首席代表戒贤学习以《瑜伽师地论》为主的各种佛教典籍，并兼学梵书《声明记论》，用了五年时间。后游历印度东部、南部、西部和北部数十国，广泛参学，研究佛典，历经四年，回到那烂陀寺，应戒贤之嘱，主讲《摄大乘论》和《唯识决择论》。时该寺弟子光以《三论》批驳《瑜伽师地论》；玄奘乃撰《会宗论》三千颂，会通大乘佛教中“中观”、“瑜伽”两派的争论，融会空有二宗，批驳同寺师子光对《瑜伽师地论》的诘难，深得戒贤的赞赏。接着又与“顺世论”辩论获胜；又奉戒贤之命同小乘正量郭论师辩论亦获胜。又应戒日王之请，著《制恶见论》，驳正量郭论师的《破大乘法》。戒日王还在曲女城为玄奘设无遮大会，玄奘宣讲大乘教义，任人驳难，无与论者，经十八天大会结束，无一人提出异议。由此获得大小乘佛教徒的一致推崇，被称为“解脱天”和“大乘天”，在当时印度声誉之隆，千古一人。虽经朝野一再多方恳留，但玄奘毅然决然，不辞劳苦，于贞观十九年，返回长安，共行程五万里，带回大小乘经律论共五百二十夹，六百五十七部，得到唐太宗的诏见和礼遇。

玄奘回国后，主要从事翻译佛经工作。先后居长安弘福寺、大慈恩寺，二十年间，共译出佛经七十五部，一千三百三十五卷。其中主要有《大般若经》、《大菩萨藏经》、《解深密经》、《瑜伽师地论》、《大毗婆沙论》、《成唯识论》、《俱舍论》等。就数量来讲，占唐代总经总卷数的一半以上，比鸠摩罗什、真谛、不空三大译师的译经总和还多；在质量上，玄奘兼精梵汉两种文字，又对佛经造诣精深，并且亲自主译，因此译经精确，能矫正旧译的讹谬，遂在佛经翻译史上开辟了一个新纪元，后人通称他的译经为新译。玄奘还将《老子》和《大乘起信论》等著作译成梵文，传到印度，推动了中印文化的交流。玄奘口述，由其弟子辩机记录整理把西行沿途见闻撰写成《大唐西域记》十二卷，对于研究印度、巴基斯坦以及中亚细亚各国的古代史具有重要的史料价值。

二、"一切唯识"的哲学思想

玄奘和他的弟子窥基是法相宗在中国的创始人。法相宗在印度，一般认为是从无着（约公元 410—500 年）和世亲（约公元 420—500 年）开始，中经护法和他的弟子戒贤而传入中国。

法相宗提出了"唯识"的基本原理。对此玄奘的得意门生窥基解释说：

> "唯谓简别，遮无外境；识谓能了，诠有内心……识性识相，皆不离心。心所心王，以识为主。为心泯相，总言唯识。唯遮境有，执有者表其真；识简心空，滞空者乘其实。"（《成唯识论述记》卷一）

意思是说，世界上没有所谓的外物存在，所谓外物都是由识所产生的。法相宗为了彻底否定客观世界的存在，它把人的认识能力分为"八识"、"三类"。第一类是眼、耳、鼻、舌、身、意前六识。其主要特点是了别（区别）各种认识的作用，通过它可以区别色、声、香、味、触和思想意识想到的一切东西，包括有形的事物和无形的法则等。前六识的活动比较具体，也比较强烈，主要任务是向它所要认识的对象起追求作用。前六识中的"意"（意识）"内外门转"，能向外追求，认识外境，也能向内思考，自己进行思维活动；而前五识，即眼、耳、鼻、舌、身则"唯外门转"，只能向外追求他所认识的东西。第二类是他们所说的第七识，叫做"末那"（Manas）；第三类是他们所说的第八识，叫做"阿赖耶"（Alaya）。他认为阿赖耶识是最重要的，是前七识的最根本的共同的依据，所以又叫做"根本依"。有了第八识的发号施令，主持一切的作用，其他七个识才能分别起它们应起的作用。所以称第八识为心，它的特点是"动而无为"。第七识"末那识"的主要任务是维持前六识与第八识阿赖耶识的联系。第七识为第八识服务，它的存在以第八识的存在为前提。法相宗认为阿赖耶识是永存的，人死了，别的识就消失了，而阿赖耶识是一个永远转世、不灭的灵魂。

这就为佛教的因果报应提供了理论根据。

法相宗建立了一种具有比较严密、逻辑体系非常繁琐的哲学体系。法相宗认为“阿赖耶识”是世界的本原，宇宙的一切现象都是由阿赖耶识派生的。为了论证这一观点，它首先提出了精神性的“种子”说，认为种子是构成世界的原因。它认为种子有六种或七种特性。种子是各个独立的最小单位的精神实体；它是刹那生灭，前者随灭，后者随生。不是前者灭了之后，后者才生；它是诸识的对立面，种子是能生，诸识（现行）是所生，互相依赖；种子生自己同类的种子，各不相乱；种子分“本有种子”和“始起种子”；种子分为相分、见分；一切种子有染、净的分别，也叫做漏种子（染污的、恶的）和无漏种子（至善的、一般的善，仍是有漏种子）。法相宗认为，种子是由是阿赖耶识产生的，种子藏住在阿赖耶识里面。

法相宗在种子学说的基础上，创造了“缘生”的理论，因缘是它关于万物起源的重要观点。它是种子和前七识（现行）交互影响的产物。种子生种子，种子生现行（前七识），现行生种子。它认为事物的成因不是由于外界物质原因，而是由精神性的种子。物界、心界都是种子的产物。世界是种子在生生灭灭中进行着。而种子又是经常处在污染的情况下，每一众生（动物），包括人在内的第八识包含着有漏种子和无漏种子。有漏种子是使人陷入苦海的根本原因。只有根除有漏种子，才能使人免于轮回之苦。因此要彻底消灭有漏种子，使第八识阿赖耶识不再起作用。

法相宗为了开辟一条通向天国的道路，提出了“三性”、“三无性”的学说。“三性”：一是遍计所执性，二是依他起性，三是圆成实性。法相宗把人类的正常认识叫做迷妄。如说：

“遍计所执自性者，谓依名言，假立自性。为欲随顺世间言说故。”（《显扬圣教论》卷六）

意思是说，人类认为世界是真实的，其实这种“认为”（计），不过是一种偏见或错觉。为了打破这种普遍认为（遍计）有客观实在的偏见（所执），法相宗认为只有接受“相无性”的原则，就可以对治遍计所执自性的“迷妄”。法相宗叫人们第一步就否定客观世界的真实性，接受他们所认为的“相无性”一切事物无有实体的观点。法相宗说，“依他起性”是：

“心心所及所变现，众缘生故，如幻事等，非有似有，诳惑愚夫。一切皆名依他起性。”（《成唯识论》卷八）

法相宗认为，一切心和物的现象是由众缘而起，所以只要接受缘生唯心主义的关系学说，就不致以幻为真，也就可以接受他们“生无性”的观点。生无性是说事物的产生是许多不同的条件造成的，并不是真正有所谓事物的实体和存在，从而取消了事物存在的物质基础。法相宗所说的“圆成实自性”，是“真如佛性”的另一种说法：

> “云何圆成实自性？谓诸法真如。圣智所行，圣智境界，圣智所缘。”（《瑜伽师地论》卷七十三）

法相宗认为，如果认识并接受了“圆成实自性”的学说，就达到了“胜义无性”的最高境界。“三无性”是针对“三性”学说而言的。法相宗全力破除的只有“遍计所执性”；对于“依他起性”，他们认为是相对的真实，比如作为因缘的种子就不是空无的；至于“圆成实性”，是实有的，并非空无，它是绝对真实的。圆成实自性不生不灭，永世长存，是绝对清净，不杂有染污的精神实体，是人们信仰向往的目标。

在现实世界里经常起主导作用的是阿赖耶识中所藏的种子，而种子和阿赖耶识又是互为因果的。人们摆脱了现实世界，追求一个圆成实性，也就是成佛的宗教境界，为此就必须割断阿赖耶识和生命的内在联系。真如佛性是无漏的、圆满的；现实世界中，人们的意识（包括八个识）是有漏的、不圆满的。

法相宗认为，要脱离阿赖耶识和种子对人的影响进入真如世界，就要断尽有漏种子，而这只有佛才能断尽有漏种子；有漏种子断尽才是佛。法相宗宣扬每个具体的人及其独立永存的精神实体阿赖耶识，和它舍藏的精神种子；认为人类的认识不过是自己的“见分”认识自己的“相分”；只承认主观世界，否认客观世界。通过繁琐的逻辑辩证，表述了他们“万法唯识”、“心外无法”的唯心主义哲学思想。

法相宗是中国佛教史上最忠实于印度大乘有宗的哲学体系。玄奘及其他的弟子们都严守从印度搬回来的经典的教义。在唐太宗和高宗时期曾风靡一时，但前后不过四十年就衰落了。法相宗不仅在中国甚至在印度也已开始没落，因而被称为佛教的经院哲学。

第三节　《坛经》和禅宗的哲学及其影响

《坛经》，全名为《六相法宝坛经》，是禅宗六祖慧能宣传佛法的语录集，由其弟子法海加以整理，汇编成书。

《坛经》的作者慧能生平颇具传奇色彩，他生于唐太宗贞观十年（公元 636 年），死于唐玄宗先天二年（公元 713 年），出生于南海新兴（今广东新兴东）。他是中国唐代僧人，佛教禅宗六祖，禅宗南宗创始人。

慧能家境贫穷，他三岁丧父，少年时就采薪卖柴养母度日。二十四岁时，偶然闻人诵《金刚经》，甚有体会，于是决心归向佛门。后来听说弘忍在黄梅弘扬此经，遂于龙朔元年（公元681年）赴黄梅参见弘忍，作行者，在寺中做担水、舂米的杂役。八个月后，弘忍欲先选嗣法弟子，遂令寺内僧人各作一偈以试高下。弘忍弟子中，学业、声望最高的神秀作偈于墙上说：

“身是菩提树，心如明镜台，时时勤拂拭，勿使惹尘埃。”（《坛经·行由品》）

深受众僧的称赞，慧能却认为神秀未得禅学要旨，于是求人代书一偈说：

“菩提本无树，明镜亦非台，本来无一物，何处惹尘埃。”（同上）

他认为，“菩提”、“明镜”都是“觉”的象征，不得执著为实有。神秀主张“时时勤拂拭”，即主张不断排除外界对内心的影响，表明神秀未得空观的真谛。而慧能则连“菩提”、“明镜”也都彻底否定了，是彻底的空观，因而得到弘忍的赞赏，当夜即亲自单独给慧能讲授《金刚经》，慧能听后，豁然大悟。于是弘忍便把衣钵秘密传授给他，为了防止神秀一派加害他，夺去衣钵，慧能遵师嘱便回岭南隐居达十六年。

仪凤元年（公元676年），慧能在南海法性寺遇到印宗法师，有一次在听印宗法师讲授《涅槃经》时：

“时有风吹幡动。一僧曰风动，一僧曰幡动，议论不已。慧能进曰：不是风动，不是幡动，仁者心动。”（《坛经·行由品》）

慧能的议论引起印宗法师的重视，与他谈论佛法。他乘机示以弘忍所受衣钵，公开嫡传身份，自此慧能正式落发，由智光法师为授具足戒。翌年慧能移居韶州（今广东韶关）曹溪宝林寺，弘扬佛法达三十年，影响越来越大。武则天和唐中宗曾诏他入京，均谢辞，遂送百衲袈裟及钱帛等供养。慧能死后唐宪宗追谥“大鉴禅家”。

慧能不识字，一生以口头宣讲佛法，本人并无著作，后由弟子法海将其言行加以整理，汇编成书，名为《六祖法宝坛经》又称《坛经》是禅宗的立派经典。

“禅”，天竺语作“Dhyana”，音译作“禅那”，意译为“思维修”、“弃恶”、“静虑”等。佛教把禅定看作宗教修养的六个重要途径之一。禅定就是安静的沉思。禅定是印度古代多宗教修养所采用的方法，也被佛教采用了，但印度没有相当于中国的“禅宗”宗派。

早年僧稠采用印度的禅定法，主要是静坐、调整呼吸，思想集中的坐禅方法。后来菩提达摩从南印度到达北魏，提出一种新的禅定方法。《唐高僧传》指出：

“稠怀念处，清范可崇；摩法虚宗，玄旨幽赜。可崇则情事易显；幽赜则理性难通。”

唐初高僧道宣指出，菩提达摩的禅法与僧稠的禅法不同。僧稠的坐禅方法把坐禅分为若干阶段，有种种繁琐的规定，很难掌握。菩提达摩禅法的特点是简便易行，在禅定的形式下进行思想意识的锻炼。他提出“理入”和“行入”的修养方法。“理入”即“壁观”，使心如壁立，不偏不倚，面壁静坐。道宣说：

“借教悟宗，深信含生同一真性。客尘障故，令舍伪归真，凝住壁观，无自无他，凡圣等一，坚住不移，不随他教，与道冥符，寂然无为，名理入也。”（《唐高僧传》卷十六）

他教人从认识上脱离现实世界（舍伪），追求所谓超现实的真如境界（归真）。他不但否认个人存在的真实性（自无），还否认客观世界的真实性，否认人类道德、社会存在的真实性。

菩提达摩认为人类之所以不能接受佛教“真如”的原则，就在于人们受了感官对象的欺骗和蒙蔽的缘故（客尘障故）。他教人放弃改善现实生活的任何要求和愿望，按着佛教的教义去行动，即“法行”，通过对寺院经济捐助以获得解脱。

据记载，禅宗由达摩传法于慧可，慧可传法于僧粲，僧粲传法于道信，道信传法于弘忍，弘忍又传法于慧能。慧能成为六祖禅师。

慧能佛教学说的哲学基础是性净自悟。其要旨有以下四点：

第一，一切众生皆有佛性。慧能认为，人人皆可成佛，因为人人都具有佛性。“本性是佛，离性无别佛”（《坛经》）。他认为人性即佛性。佛性的“性”原为“界”，不是“性质”，而是“因”的意思，即人人都有成佛的可能或根据。他说：“自性若悟，众生即佛；自性若迷，佛是众生。”（同上）圣与凡的差别就在于迷悟。“前念迷即凡夫，后念悟即佛。”（同上）

第二，无念为宗。他认为“世人性净”（同上）。人人都具有清净的佛性，但由于有妄念浮云遮盖，清净的佛性显现不出来，所以要下一番工夫把妄念浮云吹散，使清净的佛性显现出来。而要吹散妄念的浮云，并非难事，只要“无念”即可。所谓“无念”，并不是百物不思，万念除尽；而是“于诸境上心不染”，“无念法者，见一切法，不著一切法”。“无念”是不著一切法，不于外著境，并非如同木石一般的无任何知觉。

第三，顿悟成佛。慧能反对神秀等教人经过累世修行才可成佛的“渐修”方法。他主张不需要背诵佛经，不需要长期修行，也不需要大量的布施财物，只要领会佛经的精神，只要主观上觉悟，“迷来经累劫，悟则刹那间”，只要一念与教义一致，就可以成佛。他说：“我此法门，从上以来，顿渐皆立无念为宗。”（《坛经》）“万法尽在自心，何不从心中顿见真如”（同上）。他主张“顿悟”成佛。这一简单速成的成佛道路，对于劳苦大众的解脱苦难很有引诱力；对于统治者来说，这种宗教学说恰好投合了他们的本性，那怕你犯了滔天大罪，只要“放下屠刀”，即可“立地成佛”。这种廉价地出售进入天国的门票，得到当时各阶层的欢迎。

第四，行住坐卧皆是坐禅。慧能以前的禅宗都把坐禅当成修行成佛的重要方法。慧能则反对坐禅，认为坐禅不但不能成佛，反而会使人离佛更远。他对禅定作出新的解释。他说：“外离相曰禅，内不乱曰定。”“外离相”就是不执取境，“内不乱”就是无妄念。

慧能的禅学，表面上废除了禅定的修行方式，既不坐禅，也不念经；而实质上却扩大了禅定的修行范围。因为禅定的目的在于达到否定客观世界的真实性，从而教人放弃对现实社会的斗争。如果从思想意识上、从世界观上达到了否认客观世界的目的，又何必要用禅定的方法呢？慧能以后的禅宗不把坐禅当作一种可靠的宗教修养方法，而是指导建立绝对主观的世界观作为主要的宗教修养方法。这里有一段著名的对话说的是怀让和马祖（道一）师徒俩的事：

> “马祖（道一）居南岳传法院，独处一庵，唯习坐禅。凡有来访者都不顾。师往，彼亦不顾。师……乃多方诱导之。一日，将砖于庵前磨。马祖亦不顾。时既久，乃问曰：‘作什么？’师云：‘磨作镜。’马祖云：‘磨砖岂得成镜？’师云：‘磨砖既不成镜，坐禅岂得成佛！’（马）祖乃离坐云：‘如何即是？’师云：‘譬牛驾车，车若不行，打牛即是，打车即是？’又云：‘汝学坐禅？汝学坐佛？若学坐禅，禅非坐卧；若学坐佛，佛非定相，非达其理。’”（《古尊宿语录》卷一）

这段对话，表述了禅宗反对通过禅定求佛的做法。所谓：“汝今当信，佛知见者，只汝自心，更无别佛。”（《坛经》）佛就在人心中，只要做到“无念”，认识到客观世界的一切都是空的，放弃世俗世界生活的追求，即可成佛。

慧能以后的禅宗绝对主观的思想方法向神秘主义方面有所发展。他们强调“真如”不可以用语言和文字表示。他们认为语言所能表达的只是个体事物，或属于某一类的事物，而宗教精神所寄托的世界，却不在任何个体事物以内。他们不仅认为坐禅、念佛不能使人解脱苦难，而且认为用任何语言文字的表现方式，也不能把佛教的"真理"表达出来。禅宗认为语言不能正确地表达出真理的正确性，概念、推理、判断，一切理性思维、逻辑抽象都不能用作表达真实情况的工具。实际上他们否认人类正常的认识能力和认识作用。他们认为禅宗所相信的真理不在现实世界，因而他们认为不能用认识现实世界的方法来认识真理。他们所谓真理的内容和性质，是建立在宗教信仰、宗教感情、主观意识的基础上，而不是通过科学实践可以证实的。

与慧能同时，神秀（公元606—708年）在北方倡导"渐悟"成佛。神秀俗姓李，汴州尉氏（今河南）人。少览经史，博学多识，后奋志出家，深研佛典。五十岁时到蕲州（今属湖北蕲春）双峰山东山寺弘忍处受教。弘忍死后到荆州当阳山玉泉寺传授禅法，门徒众多，九十岁时被武则天诏到洛阳，后又入长安内道场，武则天亲加礼拜；唐中宗、睿宗益加礼重，故有"二京法主，三帝同师"之称，卒谥号"大通禅师"。他主张"拂尘看净，方便通经"，认为"众生本有觉性，如镜有明性，烦恼复之，如镜之尘。息灭妄念，念尽即本性园明，如磨拂尘尽镜明，即物无不极"（宗密《园觉经大疏抄》卷三下）。因神秀在北方传授"渐悟"禅学，其法系被称为"北宗"。慧能、神秀同为禅宗思想的代表人物，史称"南顿北渐"，"南能北秀"。

第十六章

隋唐反佛学的哲学理论

第一节　《昌黎先生集》和"道统论"哲学

一、《昌黎先生集》简说

《昌黎先生集》是唐代哲学家韩愈(公元768—824年,河南孟县人)思想文集汇编。全书四十卷,包括文三十卷,诗赋十卷,为韩愈门人李汉所编,又有宋人辑《外集》十卷,其中《原道》、《原性》、《原人》、《与孟尚书书》、《谏迎佛骨表》等是他重要的哲学论文。这些论文从内容上探讨了涉及中国哲学关键问题的"道"、"人性"、"人"等问题,在研究方法上以哲学的反思终极假设前提性考察为特点,具有思辨哲学的气质。

韩愈是当时儒家复古运动的领导者,极力推崇儒家学说,他企图恢复儒家在封建社会中的正统地位。他用"道统"的观念为儒家的封建道德学说和社会政治理论辩护,认为只有儒家学说才符合封建社会利益。以此为立足点,他反对佛道两教中有碍"道统"的思想。

二、仁、义、道、德的"道统论"哲学

魏晋以来,由于封建统治阶级的提倡,佛道两教在中国广泛发展。唐朝的统治者为了从思想上麻痹人民的反抗意志,加强思想统治,从开国之初就大力推行佛教。佛教寺院经济的发展,引起了新的矛盾。如狄仁杰曾指出,佛教寺院成了"逃丁避罪"的渊薮(《旧唐书》卷八十九),当时寺院中的出家人,并不尽是真正宗教信仰的家教徒,更多的是逃避政府赋税、兵役的有钱有田产的地主阶级。辛替否说:

"当今出财依势者,尽度为沙门;避役奸讹者,尽度为沙门。其所未度者,唯贫穷与善人。""今天下之寺盖无其数,一寺当陛下一宫,壮丽之

甚矣,用度过之矣。是十分天下之财而佛有七八。”(《旧唐书》卷101)

韩愈除了上述理由外,还从民族文化、学术传统、理论体系等方面对佛教进行批驳。他用儒家的“道统”对抗佛教各宗派传法世宗的宗教法统,用儒学《大学》的唯心主义理论体系对抗佛教的唯心主义哲学。他认为,佛道两教破坏了封建的君臣关系、父子关系、夫妇关系等封建的伦理纲常。他说,君主统治百姓,百姓服待君主,臣帮助君以统治人民,这是自古以来的“道”。他说:

“斯吾所谓道也,非向所谓老与佛之道也。尧以是传之舜,舜以是传之禹,禹以是传之汤,汤以是传之文、武、周公,文、武、周公传之孔子,孔子传之孟轲。轲之死,不得其传焉。”(《原道》)

韩愈说,他自己的历史使命就是要继承尧舜到孟轲的“道统”。他认为这样才能维持封建社会伦理纲常,对于那些破坏君臣、父子、夫妇纲常的佛教应给予严惩。他说:

“释老之害过于扬墨,韩愈之贤不仅孟子。孟子不能救之于未亡之前,而韩愈用欲全之于己坏之后。呜呼,其亦不量其力,且见其身之危莫之救以死也!虽然,使其道由愈而粗传,虽灭死万万无恨。”(《与孟尚书书》)

韩愈誓死反对佛教。宪宗元和十四年,陕西凤翔法门寺有一块所谓佛骨,皇帝把这块佛骨抬到宫中供养。在皇帝贵族的倡导下,广大人民“焚顶烧指,百十归群,解衣蔽钱,自朝至暮,转相仿效,惟恐后时。”(《谏迎佛骨表》)他指出这种迷信风气如不坚决制止,则“伤风败俗,传笑四方,非细事也”(同上)。他劝宪宗把这块佛骨“投诸水火,永绝根本,断天下之疑,绝后代之惑”(同上)。《谏仰佛骨表》触怒了皇帝,几乎因此丧命,遭到贬斥,但他始终不悔,坚持自己的反佛主张。

佛教只讲个人的宗教修养,而不讲治理国家。韩愈为了反对佛教,他以《大学》的唯心主义理论体系反对佛教。他主张应该把治国平天下与个人的道德修养紧密联系起来,并且把治国平天下看作是个人道德修养的结果。所以他用《大学》的修身、齐家、治国、平天下的理论反对佛教只讲个人修养身心的出世原则。他说:

“古之所谓正心而诚意者,将以有为也。今也欲治其心而外天下国,灭其身,子焉而不父其父,臣焉而不君其君,民焉而不事其事。”(《原道》)

韩愈抓住佛教与加强封建社会君臣、父子关系相矛盾的一面，论证佛教对巩固封建专制政权相抵触，而主张应一律禁止，恢复儒家的权威。

他认为，中国传统的先王学说的中心思想是仁、义、道、德。他说：

“博爱之谓仁，行而宜之之谓义，由是而之焉之谓道，足乎己无待于外之谓德。仁与义为定名，道与德为虚位。”(《原道》)

他认为，“博爱”为仁，行为符合封建社会等级秩序为义，实行“仁”和“义”为“道”，内心具备“仁”和“义”为“德”。强调“道”和“德”是没有确定内容的“虚位”；而“仁”和“义”是有确定内容的“定名”。“道”和“德”决不能离开“仁”和“义”。韩愈认为佛、道理论的错误在于把“清净寂灭”作为“道”和“德”的内容，离开“仁”和“义”讲“道”和“德”，走上了毁灭伦理纲常的道路。

三、性情三品的“人性论”哲学

韩愈继承孔子“惟上知与下愚不移”的观点和董仲舒的人性思想，第一次明确提出了性情三品说。在《原性》中，他说：

“性也者，也生俱生也。情也者，接于物而生也。性之品有三，而其所以为性者五。情之品有三，而其所以为情者七。”(《原性》)

韩愈把性与情并提，把性作为情的基础。他认为孟子的性善说、荀子的性恶说、杨雄的善恶混说都是指中等人的人性说，它不包括上等和下等的人性。他把人性分为上、中、下三等。他认为，“性”是先天具有的，“情”是由于人们接触外界，受到刺激而产生的内心反应，性的具体内容是五德，即仁、义、礼、智、信，这是人人都有的。但是人们符合这种封建道德规范的程度有所差异。他认为这种差异是先天的，可分为三品。上品的人性“主于一而行于四”，以一德为主，但是也通于其他四德；中品的人性“一不少有焉，则少反焉，其于四也混”，即对于某一德或者有所不足，或有所违背，对其余四德也有不足或不合的情况；下品的人性“反于一而悖于四”，对一德既违反，对其余四德也不符合的。他认为，上品的人性是善的，中品的人性可善可恶，下品的人性是恶的。他说：

“性之三品有上中下三：上焉者，善焉而已矣；中焉者，可导而上下也；下焉者，恶焉而已矣。”(《原性》)

他认为，上、中、下三性，只有中性可以改变，而上和下二性是不可改变的。上品的性可以“就学而愈明”，“下之性畏威而寡罪”，实质在于鼓吹“上者可教而下者可制”，是孔子“惟上知与下愚不移”的翻版。

与性三品相对应的又提出情三品。情的具体内容是喜、怒、哀、惧、爱、恶、欲。情三品是：上品的情的发动都符合道德原则；中品的情的发动有过与不及，但有符合道德原则的要求；下品的情的发动都不符合道德的原则。他主张控制情欲，使之“动而处其中”，符合封建伦理道德规范。韩愈的性情说的目的在于维护封建社会的伦理纲常，为封建统治作理论的论证。但是他关于性和情既有区别又有联系的观点对于反对佛教所鼓吹的灭情复性说有积极的意义。佛教教人逃避君臣、父子、夫妇关系，认为都是为情所累，影响见性成佛。韩愈则认为只有在封建伦理关系中才能使情“动而处其中”，因情以见性，从而与佛教的出世的人性论划清了界限。这是韩愈在人性论方面同佛教进行的斗争。

在认知关系问题上，他指出：

> “人非生而知之者，孰能无惑？惑而不从师，其为惑也，终不解矣。”（《师说》）

他主张学后而知，强调“修德”和“学艺”的重要性，认为“修德”不要“以众人待其身，以圣人望于人”（《原毁》）；“学艺”要学有实用，着重培养办事的能力，“凡适于用之谓才，堪其事之谓力”（《释言》）。韩愈在教育思想方面具有朴素唯物主义和辩证法思想。如他说：“业精于勤”，“行成于思”，提倡勤奋学习和独立思考。他还提出：“弟子不必不如师，师不必贤如弟子”（《师说》）的教育见解，对后世影响较大。

在历史观上，他认为人类社会历史是圣人安排创造的。他说：

> “古之时，人之害多矣。有圣人者立，然后教之以相生养之道。为之君，为之师。”（《原道》）

正是由于古代的圣人，驱禽兽，发明衣、食、房、器、药，制定礼乐刑政，才有人类社会的进步；“如古之无圣人，人之类灭久矣。”（同上）在政治上，他提倡忠民，维护唐朝的统一，对于不朝不贡的藩镇割据深表不安，主张以武力削平。在文学上提倡古文运动，创造了许多独具风格优秀的散文，被列为“唐宋八大家”之首。

第二节　从《天论》看唐代无神论哲学

一、《天论》简说

《天论》有上、中、下三篇，从哲学角度论述了宇宙万物的形成以及天人关系等一系列哲学问题，其作者刘禹锡(公元772—842年)是我国唐代文学家、哲学家，是唐代杰出的无神论者。

刘禹锡在《天论》中继承并发扬了荀子的“天行有常，不为尧存，不为桀亡”的天道自然观，又进一步补充了柳宗元《天说》的唯物论思想。他认为柳宗元的《天说》，还没有充分阐明天人关系问题，于是著《天论》，详细地论证了天人的区别，进一步驳斥了天人感应神学目的论和玄学、佛教的空无本体论。

哲学思想发展到唐代，进入了一个佛教哲学空前兴盛时期，天命神学世界观和玄佛空无本体论大为盛行，刘禹锡和柳宗元以同样的批判锋芒和理论创造，总结了先秦以来天人关系问题的长期争论，冲击了有神论哲学，为无神论哲学的发展作出了重要贡献。

二、“天道自然”论

在《天论》中，刘禹锡一开头就指出：

> “世之言天者二道焉。拘於昭昭者，则曰：‘天与人实影响，祸必以罪降，福必以善徕，穷厄而呼必可闻，隐痛而祈必可答，如有物的然以宰者。’故阴骘之说胜焉。泥於冥冥者则曰：‘天与人实相异：霆震於畜木，未尝在罪；春滋乎堇、荼，未尝择善。跖蹻焉而遂，孔颜焉而厄，是茫乎无有宰者。’故自然之说胜焉。”(《天论》上)

他指出，社会上对于天有两种根本对立的学说：一派认为“天”有智慧灵明，能祸罪福善，主宰人事，这是唯心主义的自然观和有神论；另一派则认为“天”无有智慧灵明，没有赏善罚恶的意志，茫然无知，不能干预和主宰人事。这是唯物主义自然观和无神论。刘禹锡认为这两种观点都有片面性，而实际上了是继承补充了后一派的观点，反对第一派的观点。

他给“天”以唯物主义的解释。他说：

> “天，有形之大者也；人，动物之尤者也。”(《天论》上)

他认为“天”是有形体中的最大的，人是动物中最突出的。天和人都是有形的物质。他批判佛教和玄学家把“空”或“无”当做世界本体的观点。

“所谓无形者，非空乎？空者，形之希微者也。为体也不妨乎物，而为用也恒资乎有，必依于物而后形焉。今为室庐，而高厚之形藏乎内也。为器用，而规距之形起乎内也。音之作也有大小，而响不能逾；表之立也有曲直，而影不能逾。非空之数欤？……古所谓无形，盖常形尔，必因物而后见尔。”(《天论》中)

他认为“空”不是“无”，也是一种“希微”的形质，只是由于人的感官感觉不到罢了。人看不见的，“狸狌犬鼠”的眼睛可以看见。“空”是通过“有”显示自己的存在。如房屋中的“高厚之形”的空间是依赖房屋的“物”而存在的；器皿中的“规矩之形”的空间是依赖器皿的“物”而存在的。形有粗细，声有大小，表有曲直。世界上根本没有无形无象的东西。所谓“无形”只是“无常形”。他认为“空”不能离开物质，而是物质形体的表现。

他认为天地万物是一个自然发展过程。他说：

“天之三光悬寓，万象之神明者也，然而其本在于山川五行。浊为清母，重为轻始。两仪既位，还相为庸(用)。嘘为雨露，噫为雷风，乘气而生，群分汇从，植类曰生，动类曰虫。倮虫之长(人类)，为智最大。”(《天论》(下))

他认为，天的日、月、星三光，虽是万象中最清明的，但绝不是什么礼物，天地同属物质世界。天是清、轻的物质，地是浊、重的物质，而重、浊的“地”是清、轻的“天”的本原。从地的物质性论证天的物质性，是刘禹锡对天地形成的朴素唯物主义见解。由于天、地的“相为庸”的交互作用，有元气的“嘘”、“噫”的运动，而产生雨露雷风。万事万物“乘风而生”，山川、雨露、风雷、植物、动物，直至“为智最大”的人类，都是物质性的气在阴阳交互运动中产生的。

三、“天人相胜”论

刘禹锡“天人相胜”是指天可统治人，人也可以战胜天。前者并不是说天有意志，而是说人没有认识自然规律时就会成为“在”的奴隶。所以，在这个问题上，首先谈到事物运动的规律性。他提出“理”、“数”、“势”三个重要的哲学范畴。他认为“理”是贯穿于事物发展过程的规律，“数”是事物存在及其规律的不可逃避的必然性，“势”是事物发展的客观趋势。刘禹锡认为“以理揆（度量）之，万物一贯也”，（《天论》下）“夫万物之合并，必有数存乎其间焉。数存然后势形乎其间焉”，“数存而势生”（《天论》中），万事万物的变化都不能“逃乎数而越乎势”。他强调“数”和“势”“附乎物而生，犹影响也”（同上）。他认为“理”、“数”、“势”都是事物本身所固有的，是不依人的主观意志为转移的。天形常圆而色常青，旋转的周期可以度量出来，昼夜的更替和长短可以测量出来，这都是合乎规律的必然性的“数”的存在的表现；天常高高在上，没有塌下来，经常不断运行，永不停息，这是不可阻挡的“势”在起作用。他从人能否掌握自然规律和自己命运的角度，说明天命信仰产生的认识论根源。他以操舟为例，说明当人们认识客观规律，能够掌握规律，支配自然界时，就不会信“天”。他说：

> “若知操舟乎？夫舟行乎潍、淄、伊、洛者，疾徐存乎人，次舍存乎人。风之怒号，不能鼓为涛也；流之诉洄，不能峭为魁也。适有迅而安，亦也人；适有覆而胶，亦人也。舟中之人未尝有言天者，何哉？理明故也。彼行乎江、汉、海者，疾徐不可得而知也，次舍不可得而必也。鸣条之风可以沃日，车盖之云可以见怪。恬然济，亦天也；黯然沉，亦天也，阽危而仅存，亦天也。舟中之人未尝不言天者，何哉？理昧故也。”（《天论》中）

他认为，当人在小河中行船，风静水浅，人们能够控制船只，就不会求助于“天”；而当人们在江、海等深水中航行，狂风遮日，波涛凶猛，人们无法控制船只，就只好求助于上天保佑。因为前者“理明”，所以相信谋事在人，而“未尝有言天者”；而后者“理昧”，所以“人未尝不言天者”。这里他猜测到宗教产生的认识根源在于“自然力量的压迫”，人们对于复杂、严酷的自然力量迷惑不解，无能为力，从而产生对大自然的乞求和崇拜。他对宗教产生的社会根源也有所观察，认为“法大行”，人们就不会迷信宗教，祈求“天”的保佑。如果“法大驰，则是非易位，赏恒在接，而罚恒在直，义不足以制其强，刑不足以胜其非，人之能胜天之实尽丧矣。”（《天论》上）“在理”胜过“人理”，就会迷信天命鬼神。

《天论》“天人相胜”的学说认为自然界和人类社会既相互区别又相互作用。

> “天之道在生植，其用在强弱；人之道在法制，其用在是非。”（《天论》上）

就是说，自然界中各种生物都为自己生存繁殖而竞争，强者胜，弱者败。生物界只有强弱竞争，而无是非可言；而人类社会，有维持社会秩序的礼法制度所规定的“是非”作为行为的准则。他说：

> “人能胜乎天者，法也。法大行，则是为公是，非为公非，天下之人蹈道必赏，违善必罚。”(《天论》上)

意思是说，人类社会实行法制，是非公道，罚赏分明，社会秩序才能维持。所以他认为自然(天)和社会(人)各有自己独特的法则和职能。他说：

> “天之能，人固不能也；人之能，天亦有所不能也。故余曰：天人交相胜尔。”

他认为，自然和社会各有特征，各有自己的职能。他继承了荀子“制天命而用之”的思想，提出“人能胜天”，有利用和改造自然的主观能动作用，他探索着人对客观物质世界有着既对立又联系的辩证关系。这是刘禹锡在天人关系问题作出的重要贡献。

第五编

宋代哲学论著及理学发展

第十七章

《太极图说》和濂学哲学

第一节　概说

濂学是濂溪学派的简称，指以北宋思想家周敦颐（公元1017—1073年）为代表的理学学派。

周敦颐少有盛名，为官三十年，也是他讲学的三十年。他晚年建书堂于庐山莲花峰下，堂前有溪，仿其故乡濂溪之名，命名濂溪书堂，并定居在这里讲学，所以后人又称他为濂溪先生。他的主要著作有《太极图说》和《通书》、《文集》等，后来合编为《周子全书》。他是宋明理学（又称道学）的创始人，是对宋明哲学影响较大的哲学家。

周敦颐的讲学活动，是有其历史背景的。宋朝统一中国后，宋太祖为了加强中央集权的封建统治，防止军阀割据的重演，重用儒臣，宣称“宰相须用读书人”（《续资治通鉴》卷四），并教武臣读书。宰相赵普读经书手不释卷，终日伴随《论语》，号称以“半部论语治天下”。宋太祖还规定“进士须通经义，遵周礼之教”。（《续资治通鉴》卷十一）通过科举取士，大力提倡儒学，并著有《尊儒术论》，赐给州县学校九经，作为官方指定教材，加谥孔丘为玄圣文宣王。到宋仁宗时，下诏州县皆立学校，以备选拔通晓经术的官吏，防范农民起义。因而从中央到地方，涌现出一批儒家学者，聚徒讲学，传授孔孟的典籍，许多学者都是一边做官，一边讲学。周敦颐就是在这种社会风气影响下，从事讲学活动的。

在儒家学者中存在着两种显著不同的学风。一种是以范仲淹、王安石为代表，他们提倡经世致用，为朝廷培养有实际才干的官吏。另一种是以陈襄为代表，他们注重道德修养、讲正心诚意的性命之学。陈襄等人认为，讲学的目的，“非以教人为词章取利禄”，而是使人去其“争财竞利”之心，培养人的品德，在社会上不冒犯朝廷的刑宪，在家中做到父义母慈、子孝弟恭，从而和睦乡里，“无惰农桑，无作盗贼”。（《古灵学案》）显然，这是与变法的新政相抵触的。周敦颐在政治上没有公开反对新政，但其讲学的目的同陈襄属于同一派。他立学的宗旨，是教人如何做个圣人一样的人。所以，濂学的基本逻辑就是以太极之道论证儒家的道德本体论思想。

第二节 "太极即理"的濂学哲学

在哲学上，周敦颐把孔孟的修身养性的理论同佛老的虚静、无为的思想结合起来，推衍出一套"太极即理"的哲学体系。

周敦颐继承并发展了孔子、孟子、董仲舒和韩愈以及佛教、道教的唯心主义哲学思想。他依据《易传》、《中庸》和韩愈的《原道》等儒学观点，又接受道教、佛教的某些思想，把道士陈抟的《无极图》改造成为论证世界本体及其形成发展的图式——太极图，即以"太极即理"的命题客观精神为本体的理学哲学。

潘兴嗣在《濂溪先生墓志铭》中说他"尤善谈名理，深于易学，作太极图、易说、易通，数十篇。"据《太极图说》对于世界本体及其形成发展作了如下说明：

> "无极而太极，太极动而生阳，动极而静，静而生阴。静极复动。一动一静，互为其根。分阴分阳，两仪立焉。阳变阴合而生水火木金土，五气顺布，四时行焉。五行一阴一阳也，阴阳一太极也，太极本无极也。五行之生也，各一其性。无极之真，二(两仪)五(五行)之精，妙合而凝。'乾道成男，坤道成女'。二气交感，化生万物，万物生生而变化无穷焉。唯人也得其秀而为灵。形既生矣，神发知矣，五性感动而善恶分，万事出矣。圣人定之以中正仁义(自注：'圣人之道，仁义中正而已矣。')而主静(自注：'无欲故静')，立人极焉。故圣人与天地合其德，日月合其明，四时合其序，鬼神合其吉凶。君子修之吉，小人悖之凶。故曰：'立天之道，曰阴与阳。立地之道，曰柔与刚。立人之道，曰仁与义。'又曰：'原始反终，故知死生之说。'大哉易也，斯其至矣！"(《周子全书》卷一)

从周敦颐的《太极图说》我们看到，他认为世界的本原是"太极"。"太极"分化出阴阳二气，即所谓"分阴分阳，两仪立焉"。阳气变动而阴气配合，而产生于水、火、木、金、土的五行。五行运行，形成了一年四季。这就是"五气顺布，四时行焉"。五行和阴阳二气配合，又形成了人和万物。这就是"乾道生男，坤道成女。二气交感，化生万物"。在周敦颐这里，所讲的"太极"不是物质的，而是精神的。"太极"一词本源于《易・系辞传》，其内容本于道教典籍中的"虚无"概念。他在《通书》中对《太极图说》的"太极动而生阳，动极而静，静而生阴，阴极复动。一动一静，互为其根"进一步解释说：

> "动而无静，静而无动，物也；动而无动，静而无静，神也。动而无动，静而无静，非不动不静也。物则不通，神妙万物。"(《通书·动静》第十六章)

这里所说的"动而无动，静而无静"的"神"就是"太极"。在周敦颐看来，"太极"的动静和物的动静不同，物质的动只是动，动中无静，静只是静，静中无动，是纯粹的、绝对的、机械的动与静；而作为精神的"太极"是超动静的。它是万物的运动的推动者，万物之所以能运动，不是在于万物自己本身的力量，而是由于精神的"太极"的推动的，所以他说"神妙万物"，是神使万物发生变化的。

辩证唯物论认为，世界是物质的，物质是在时空中有规律运动的，没有无物质的运动，也没有无运动的物质。而物质运动的根本原因在于它内部的矛盾运动。根本不存在物质世界之外的神的推动。因此，周敦颐的在物质之外的，推动万物运动的"太极"只能是精神实体。他所说的"无极而太极"，并不是说"太极"之上还有一个无极，而是说太极无形无象，不可言说，不是真有一个"极"，所以叫做"无极"。正是说"太极"是不可捉摸的精神实体。

在《太极图说》下半部分，周敦颐进一步论述了人和人类社会伦理，认为人生观和修养方法都是由太极决定的。如他说：

> "唯人也得其秀而为灵。形既生矣，神发知矣，五性感动而善恶分，万事出矣。"(《太极图说》)

他认为，人类得二五之秀气，所以万物之中，人为最灵。人禀阴气形成形体，禀受阳气产生精神和知觉，禀受五行之气形成人的五常之性。心和性感受万物而动，便有了善恶的分别，万事也就出现了。圣人为了教育人类，按照宇宙发生的程序，制定了"中正仁义而主静"的原则。所以，圣人的功绩可以说是与天地同德，日月同光，四时同序，与鬼神共吉恶。君子们遵循圣人制定的原则，则吉祥到来；小人违背这条原则，便遇凶险。最后，引用《系辞》的话说："原始反终，故知死生之说。"意思是说，若能懂得宇宙生化万物的法则，明白人类生命的来源和归宿，也就明白了生死的问题。

他认为，人类社会生活同样是受宇宙发生的法则支配，人的生命同万物一样，有始有终，来于"无极"，经过阴阳五行的变化过程，又归于"无极"。这种生命观，同佛、道之说不一样，它不追求来生，也不追求长生不死。人活着的头等重大事，就是学做圣人。但他认为,“圣人之道,仁义中正而已矣”,“无欲故静”,这又同佛、道的“虚无”、“无为而治”,提倡少私欲,知足不争,柔弱虚静的主张是同出一辙的。周敦颐认为,没有私欲,心则虚静,虚静则明白无疑,通晓透彻。能虚静,念头萌动时,则正直公道而无私,这就叫“静虚动直”,“明通公溥(普)”。他认为,具有这种精神境界的人,从思想到行动自然都是善的,这种人就是最高尚的人,富贵贫贱都不动于心,“常泰无不足,而铢视轩冕,尘视金玉。”(《通书·富贵》)知足常乐,把功名利禄视为尘土锱铢,这就是“孔颜乐处”的现实的含义。他以无为虚静为“孔颜乐处”,从而将孔孟的伦理学说,同佛、道的修养经结合起来。

周敦颐的儒学、理学哲学,较以前的儒学思想又前进了一大步。其一,以前的儒家学派很少涉及宇宙起源问题,而在这方面佛、道两教都讲得比较多。周敦颐为了使自己的理学能够同佛、道两教之说抗衡,他有意识地吸取了佛、道两教关于宇宙万物起源的学说。他以儒家的《中庸》理论作为思想体系的骨干,创立了新的理学(又称道学)理论。所以称周敦颐是宋明理学的创始人。其二,周敦颐不满足于汉代董仲舒简单的神学目的论,吸收了董仲舒的天地有好生之德的目的论思想,又融进佛、道两教所宣扬的容忍、柔化、虚静、无为的生活态度,同时否定了佛、道两教鼓吹要人出家,破坏君臣、父子、夫妇等封建法制弊病。他从理学的立场出发,全面地对自然、社会和人生问题作出了解释。客观上也为宋朝统一的封建的中央集权统治作了理论上的论证。

第十八章

《正蒙》和关学哲学

第一节　概说

关学是指以北宋张载(公元1020—1077年)为代表的理学学派。因张载和他的弟子多是陕西关中人而得名。张载在陕西凤翔郿县横渠镇讲学,当时学者称他为横渠先生。他的主要哲学著作是《横渠先生易说》、《正蒙》等。他的"太虚即气"的哲学,表现出从王安石到张载,我国古代朴素唯物主义有了更进一步的发展。

《宋史》列传说,张载见范仲淹时,范仲淹劝他读《中庸》。他读《中庸》感到不满足,又去研究佛家和道家的学说,最后又回到儒家的经典。

宋仁宗嘉祐二年(公元1057年)张载中进士。此时他已三十八岁。他在开封讲《周易》会见过"二程"(程颐、程颢),并一起讨论易理。《宋史》列传说:

"尝坐虎皮讲《易》京师,听从者甚众。一夕,二程至,与论《易》。次日语人曰:'比见二程,深明《易》道,吾所弗及,汝辈可师之。'撤坐辍讲。"

张载是"二程"父亲程珦的表弟,比"二程"长十二三岁,是"二程"的长辈。张载受"二程"的启发,才和佛老之学划清了界限。

宋神宗熙宁三年,张载辞职回归陕西。回到郿县横渠镇,在这里进行讲学著书。到熙宁九年,在这六年时间内,写成他的主要著作《正蒙》。《行状》说:

"西归,居于横渠故居,遂移疾不起……终日危坐一室,左右简编,俯而读,仰而思,有得则识之。或中夜起坐,取烛以书。其志道精思,未始须臾息,亦未尚须臾忘也。学者有问,多告以知礼成性、变化气质之道,学必如圣人而后已。闻者莫不动心有进……熙宁九年秋,先生感异梦,忽以书属门人,乃集所立言,谓之《正蒙》,出示门人曰:'此书予历年致思之所得,其言殆于前圣合,大要发端示人而已,其触类广之,则吾将有待于学者，正如老木之株，枝别固多，所少者润泽华叶尔’。”

《正蒙》共分十七篇，是门人苏昞分类编定的，主要是讨论哲学理论问题，也有些章节是对《论语》、《周易》、《诗经》的解释。张载的著作还有《论语说》、《礼乐说》、《孟子说》等都已散佚了，其中部分内容已摘录于《正蒙》中，此外还有他的门人编写的《张子语录》、《经学理窟》等。而《正蒙》是最能表现张载哲学思想的晚年著作。

熙宁十年，经吕大防向宋神宗推荐，任张载为同知太常礼院，张载就职不久，因与主管礼官意见不合，就辞去职务回归陕西，在途中，路过洛阳时，与“二程”晤谈。《程氏遗书》卷十的《洛阳议论》是对这次晤谈的记录。他们除了谈到井田的问题，还谈到《周易·说卦》所讲的“穷理尽性以至于命”的含义问题。“二程”认为“只穷理便是至于命”，而张载认为这样是“失于太快，此义尽有次序”。“二程”与张载对于“理”的理解不同，张载认为理即物之理，而“二程”则认为理就是最高实体。

张载过洛阳时，病情已重，到达临潼时，就病逝了，享年五十八岁。张载一生为官时间不多，大部分时间从事著书和讲书，可以说他是一位名副其实的学者和教育家。他的著作，明代万历时沈自彰搜集汇编为《张子全书》，近年中华书局出版了《张载集》，是研究其思想的重要史料。

第二节　“太虚即气”的关学哲学

张载在哲学上坚持“太虚即气”的唯物路线。他在《易说》中说：

> “气之聚散于太虚，犹吹凝释于水，知太虚即气则无有有无。故圣人悟性与天道之极，尽于参伍之神，变易而已。诸子浅妄，有有无之分，非穷理之学也。”（《系辞上》）

在中国古代，“太虚”这一概念原是指虚无缥缈的宇宙空间。张载对这一概念进行改造，并用它来表示物质性本体的存在形式，具有空间总和的含义。因此，张载有时把“太虚”又称为虚空。他认为太虚只是气之散而未聚，并非是空无所有的真空，而是充塞着“气”，只是人肉眼看不见，所以一般人所说的无者，实际上也是有。太虚和万物都是“气”这一物质实体的不同表现形态。他说：

> “太虚不能无气，气不能不聚而为万物，万物不能不散而为太虚。”（《正蒙·太和篇》）

气凝聚而为有形的万物，万物散而为气，又复为于无形的太虚。气在太虚中的聚散，就像冰在水中的凝结和融化一样，不过是同一物质实体的不同形态的变化，所以张载认为太虚就是气。

张载认为作为世界的本质的气，不是静寂不动的，而是处在运动变化之中。他说：

“太虚无形，气之本体。其聚其散，变化之客形尔。”(《正蒙·太和篇》)

他认为，世界的本体是元气，这种气是无形的，(人肉眼不能直接看见它)，气的聚合或者离散都是气的变化不定的暂时形态，而作为气的本来实体“太虚”则是永恒的。张载反对佛道两教认为有生于无的论断。他说：

“若谓虚能生气，则虚无穷，气有限，体用殊绝，入老氏有生于无自然之论，不识所谓有无混一之常。”(《正蒙·太和篇》)

这是对佛老空无本体论的有力批驳。因为如果在理论上承认有生于无，就等于承认在有之前，世界是不存在的，现实世界是从不存在的“无”中生出来的，这样就必然承认物质是第二性的，而非物质的“无”是第一性的，精神性的本体(体)与现实世界的万物(用)必然隔绝。这就是“体用殊绝”的错误。

张载认为，气只有聚散，并无生灭。他认为世界不是从无产生的，也不会从有消灭为无。世界万物的生灭、变化只是形态的改变。他说：

“气聚则离明得施而有形，气不聚而离明不得施而无形。方其聚也，安得不谓客？方其散也，安得遽谓之无？故圣人仰观俯察，但云‘知幽明之故’，不云‘知有无之故。’”(《正蒙·太和篇》)

意思是说，气聚有形则看得见，不聚无形则看不见。气聚是暂时的形态(客形)，气离散后，就又复为于太虚，并不是不存在。张载用元气不灭的观点反对“有生于无”的观点，同老子、王弼的本体论有了哲学上的分野。

张载还认为，气的运动变化是有规律的。他说：“由太虚，有天之名。由气化，有道之名。”(《正蒙·太和篇》)他所说的“道”或“理”就是指规律而言的。他说：“事无大小，皆有道在其间。”“万物皆有理”，“理不在人，皆在物。”(《张子语录》)他认为，“道”、“理”不离气，是气之道，理寓于物中，是物之理。道和理不能单独存在。这同唯心主义理学家所说的“道生气”、“理在气先”是截然不同的。这一观点为后来的哲学家王夫之所继承。

当然，由于时代和科学水平的限制，他还不能科学地区分精神和物质的不同性质。他认为精神是一种至清的气，万物是粗浊的气，都是气。那么，由气不生不灭，必然得出精神不生不灭。所以他说："气于人生而不离，死而游散者魂。"(《正蒙·动物篇》)这就给灵魂不死留有地盘。他一方面反对"人死有知"的迷信观念，声称"言鬼难信"；另一方面又企图用气来说明鬼神的存在，不敢彻底否定鬼神，表现出在无神论思想上的不彻底性。

张载从"太虚即气"的朴素自然观出发，提出了"一物两体"的朴素辩证法思想，对矛盾乃至矛盾是事物发展的动力思想有了天才的猜测和理解。其一，他认为事物的变化不是由外因引起，而是由内力引起，是气的阴阳两体的矛盾对立而形成了事物运动变化的原动力。他说：

> "太和所谓道，中涵浮沉、升降、动静相感之性，是生絪缊相荡、胜负、屈伸之始。"(《正蒙·太和篇》)

"太和"是指阴阳未分的气。太和之气运动变化的过程是所谓的"道"。这种运动变化的过程也是元气自身不断地酝酿激荡、斗争、屈伸的过程。而元气内部的浮沉、升降、动静的矛盾对立的相互作用是运动的动力。他认为，日月星辰等天体运动在于内在的动因，不是来自外力推动的。他称为"动非自外"。

其二，张载继承了中国古代传统的辩证法思想，并进一步解释"一物两体"的辩证含义。他认为气有阴阳两体，把两体的对立称为"两端"。他说："二端，故有感；本一，故能合。"(《正蒙·乾称篇》)对立的两端发生交感作用，经过推称变化，相反相成，复归于统一。"一物两体，气也。"气具有阴阳两体，所以气聚而形成的万物都各具有阴阳两体，万物的变化都是由阴阳两端的作用引起的。

其三，张载还猜测到量变和质变的辩证法。他把阴阳两气的运动变化区分为"渐化"和"著变"的不同阶段。他说："变言其著，化言其渐。"(《易说·乾卦》)把显著的变化叫做"变"，把渐进的变化叫做"化"。他认为显著变化之后，必然是渐进的变化，渐变到一定阶段，必然引起显著的变化。

总之，张载力图用朴素辩证法思想来说明世界。他认为自然现象的千变万化，都是由于阴阳二气的交感所致。对于风、雷、霜、雪、雾、露等自然现象，他都以阴阳二气的交感作用给予说明。从而使他的自然观和朴素辩证论相结合，也使关学哲学更富辩证哲学的色彩。

当然，张载的辩证法也是不彻底的。他认为敌对矛盾，只能通过调和才能解决。他说："有反斯有仇，仇必和而解。"(《正蒙·太和篇》)这不是辩证法的。因为敌对矛盾一般须通过一方克服另一方才能得到解决，单纯强调调和是不行的。这些观点与他的改良主义的政治立场是一致的。

在认识论上，他承认人的认识必须以客观事物为对象，没有客观对象，就不会有知识。他说："感亦须待有物，有物则有感，无物则何所感。"(《张子语录》)认为感觉来源于客观事物。他承认世界是可知的。心具有知觉的性质，客观世界是知觉的对象，"人本无心，因物为心"。(同上)"合性与知觉有心之名。"(《正蒙·太和篇》)注重感官在认识中的作用，认为人的知识是通过耳目与外界接触的结果。他说："人谓己有知，由耳目有受也，人之有受，由内外之合也。"(《正蒙·太心篇》)他看到耳目感官的局限性，把人的认识分为"见闻之知"和"德性之知"。他说："见闻之知，乃物交而知，非德性所知。德性所知，不萌于见闻。"(《正蒙·大心篇》)德性所知，又称为"天德良知"，是一种不依赖感官而得到的先天的知识，它主要通过"尽心"的直觉认识方法去获得，并且认为"上知下愚，习与性相远既甚，而不可变者也"。(《正蒙·诚明篇》)这不免走向一种"生而知之"的逻辑怪圈。在认识的标准问题上，他提出要以众人的见闻为标准。他说：

"独见独闻，虽小异，怪也，出于疾与妄也。共见共闻，虽大异，诚也，出阴阳之正也。"(《正蒙·动物篇》)

他认为，个人的见闻，尽管属于微小的，与众人的见闻不同，也应当看做是不正常的现象，因为这种小的差异是由于个人的疾病与幻觉造成的。至于众人共见共闻的现象，如疾风迅雷、山崩海啸，虽是严重的怪异现象，也是真实可信的，人所共见的印象，总是出于阴阳变化的正常状态的。张载虽然不懂得实践是检验认识正确与否的标准，但他强调群众的见闻，对于防止个人主观判断失误，还是有一定意义的。张载对佛教的以心为本，用自己心的生灭去规定天地生灭的观点提出反驳，他说：

"释氏不知天命，而以心法起灭天地，以小缘大，以末缘本，其不能穷，而谓之幻妄，真所谓疑冰者欤？"[自注：夏虫疑冰，以其不识。](《正蒙·大心篇》)

佛家以有限的主观能力去猜度无限的天地万物，当无法认识时，就对客观世界的存在发生怀疑，这正如夏天的虫子没见过冰，就怀疑冰的存在一样，是极其荒唐可笑的。

在人性论上，张载提出"天地之性"和"气质之性"的对立，强调"学以变化气质"，主张通过后天的努力，返回到纯善的天地之性。在社会政治思想上，他从人和物同受“天地之气以生”出发，提出泛爱主义的思想。他在《西铭》中说：“民吾同胞，物吾与也。”他不仅要求爱一切人，而且要求爱一切物。把“孝”这一封建道德原则神圣化，加以无限夸大，认为孝的原则是宇宙的最高原则，因为天地就是人的父母。张载把一切符合封建道德规范的行为都说成是实现孝的原则，以此来为封建伦理道德作理论论证。其哲学在自然观上是元气论，在历史观又回到了客观精神论的理学轨道。

张载一生专心致力于学问，他的学风特点显著：一是比较重视实际问题，重视自然科学的探讨；二是比较重视创立新说，提倡“养新德”、“起新知”的创新的学风。他在《正蒙·动物篇》中说：“医为饥梦取，饱梦与”，可见他对医学有所研究。他注重摆脱前人思想的束缚，独立思考，有所创新。他说：“义理有碍，则濯去旧见，以来新意。”(《张子语录》)又说：“学贵心悟，守旧无功。”(《经学理窟·义理》)他在《芭蕉》诗中说：

“芭蕉心尽展新枝，新卷新心暗已随。愿学新心养新德，旋随新叶起新知。”(《文集·杂诗》)

张载把自己的抱负概括为：

“为天地立心，为生民立道，为去圣继绝学，为万世开太平。”(《张子语录》)

张载的哲学思想对后来哲学有很大的影响。如“二程”对《正蒙》中的元气一元论思想多次提出批评，而对《西铭》(原名《订顽》)则大加赞扬。程颢说：“《西铭》，颢得此意，只是须得子厚有如此笔力，他人无缘做得。孟子以后未有人及此。”(《遗书》卷二)程颐说：“(《西铭》)，此横渠文之粹者也。”(《遗书》卷十八)“二程”推崇《西铭》，是因为《西铭》中所讲的“仁孝”之理与“二程”是一致的。朱熹主要继承“二程”的学说，也采纳了张载的一些思想。朱熹的门生论述“道统”时，以周敦颐、“二程”、张载、朱熹为序。后来的哲学家王夫之则继承并发展了张载的元气一元论的思想。王夫之一再宣称自己是张载哲学的继承者。他说：

“张子之学，上承孔孟之志，下救来兹之失，如皎日丽天，无幽不烛，圣人复起，未有能易焉者也。”(王夫之《张子正蒙注·序论》)

第十九章
《二程遗书》和洛学哲学

第一节 概说

洛学是指以北宋二程(程颢、程颐)为代表的理学学派,因"二程"长期在洛阳地区讲学,故名。

程颢、程颐二人同时受业于周敦颐,并且进一步发展了周敦颐的思想,建立了以"天理"为核心的客观唯心主义哲学。洛学是北宋中期至南宋初期有重要影响的思想学派。"二程"更是宋明理学学派中的重要的哲学家。

他们主要著作有:《二程遗书》、《二程外书》、《明道文集》、《伊川文集》、《伊川易传》、《程氏经说》、《二程粹言》等,均编入《二程全书》中。他们兄弟二人的哲学观点基本上是一致的,有些语录,已经很难分清楚哪些是程颢的,哪些是程颐的,因而对他俩的思想不再细分,统称为"二程"哲学。

第二节 "理本于天"的洛学哲学

"二程"在其老师周敦颐的《太极图说》的基础上,又进一步提出以"天理"为世界本原的理学哲学。

程颢自称"吾学虽有所授受,天理二字却是自家体贴出来。"(《上蔡语录》卷上)在"二程"的著作中,谈到"理"的地方很多,如他们说:

"天理云者,这一个道理,更有甚穷已?不为尧存,不为桀亡。人得之者,故大行不加,穷居不损。这上头更怎生说得存亡加减。"(《二程遗书》卷二)

又说：

“万物皆备于我。不独人尔，万物皆然。都自这里出去，只是物不能推，人则能推之。虽能推之，几时添得一分？不能推之，几时减得一分？百理俱在，平铺放着。几时道尧尽君道，添得些君道多；舜尽子道，添得些子道多？无二依归。”（同上）

又说：

“理则天下只是一个理，故推至四海而准。须是质诸天地，考诸三王不易之理”（同上）

又说：

“天下物皆可以理照。有物必有则。一物须有一理。”（《二程遗书》卷十八）

又说：

“这个义理，仁者又看作仁了也，知者又看作知了也，百姓又日用而不知，此所以君子之道鲜矣。此个亦不少亦不剩，只是人看他不见。”（《二程遗书》卷二上）

从“二程”的论述中，我们看到“天理”或“理”有如下的特点：第一，它是自然界和人类社会的最高原则，是事物之所以然，也是事物的准则。它既包括万物之理，也包括封建社会的孝悌、忠信、君道、子道等，都是“理”所规定了的。如说：“夫有物必则。父止于慈，子止于孝，君止于仁，臣止于敬。万物庶事，莫不名有其所。得其所则安，失其所则悖。”（程颐《艮彖辞传》、《易传》卷四，见《二程遗书》卷十一）“理”是天下万事万物都要遵循而不可违反的。

第二，“理”是“客观”的，不依人的意志为转移的。“不为尧存，不为桀亡”，“理”不增不减，不变不动，“寂然不动，感而遂通”。（《二程遗书》卷十五）“理”先于事物而存在，人和物“都自这里出”。只是物不能主动体现它，而人则能主动体现它（即“物不能推，人则能推之”）但不论是否通过具体的人或物的体现，万物之理早已先于万物而存在了。

第三，一物有一理的理，一物之理又是万物之理。因为“理则天下只是一个理，故推之四海而准”。如尧所尽的君道，舜所尽的子道，都是“天下只有一个理”的体现。

由此可见,“二程”的“理”,不是事物的客观规律,而是具有精神性本体的意义。因为规律是不能产生万物的,而“二程”的“理”是既能产生万物,又能统辖万物,是他们说明世界的立足点和出发点。当然“二程”对于“理”或“天理”没有像董仲舒那样明白地指出它是具有人格、具有意志的最高主宰的神,也没有像后来的朱熹明白地指明“理”和万物的关系。特别是程颢谈的就更模糊。如他说:“天者,理也”,(《二程遗书》卷十一)“言天之自然者,谓之天道”(同上)把“理”看做是自然而生,非有安排的自然趋势,认为“理”非离物而存在。“一阴一阳谓之道,自然之道也。”(《二程遗书》卷十二)在“道”和“器”的关系上,他认为“器亦道,道亦器。但得道在,不系今与后,己与人。”(《二程遗书》卷一)他强调“理”或“道”和“气”的关系时,也主张“离了阴阳更无道,所以阴阳者是道也。阴阳气也,气是形而下者,道是形而上者”(《二程遗书》卷十五)。他强调“道”与“气”即万物不能相离。在“二程”这里,“理”或“道”与万事万物的关系,是抽象和具体、一般和个别的关系。唯物辩证法认为,一般和个别是不可分割的,“个别一定与一般相连而存在,一般只能在个别中存在,只能通过个别而存在”(《列宁全集》第38卷,第409页)。唯物辩证法认为,具体的个别事物是抽象的一般存在的前提和基础,先有个别,后有一般,一般是从个别中概括抽象出来的。没有个别,也就没有一般。而“二程”却颠倒了一般和个别关系上的这一唯物主义原则,他们认为是“形而上者”的道,产生“形而下者”的一“器”或“气”,是先有“道”或“理”然有才有万物,即所谓的人和物“都自这里出去”。无论是自然界的万物,还是封建的伦理都是“天理”的体现。这里我们看到,“二程”的哲学同中世纪欧洲经院哲学的认为一般是实在的,一般先于个别而存在,决定着个别的唯实论一样,只能是唯心的观点。

“二程”在以“天理”为核心的客观精神本体论的基础上,进一步提出天人合一论。早在汉代时,董仲舒就提出“天人感应”的神学目的论,论证了“天”按照自己的意志和形象创造了人类社会。但是这种简单粗糙的神秘说教已被哲学家王充批驳得体无完肤了。因此,“二程”不再简单地重复董仲舒。他们一方面赞成董仲舒“天人感应”的观点。如程颐说,董仲舒的见解“自汉以来,无人知此。董仲舒说天人相与之际,亦略见些模样,只是被汉儒推得太过”(《二程遗书》卷二十二)。他认为董仲舒的“天人感应”神学目的论,有卓越的不可及之处,有合理的内核,只是被人“推得太过”了。他曾对宋哲宗说:

“天人之间甚可畏,作善则千里之外应之,作恶则千里之外违之。昔子陵与汉光武同寝,太史奏客星侵帝座甚急。子陵匹夫,天应如此。

况一人之尊，举措用心，可不戒慎。”（《二程遗书》卷二十二）

可见他是赞成“天人感应”，承认“天人相与”的。另一方面，他们并没有停留在董仲舒简单粗糙的“天人感应”的说教，而是通过改造发展，使他们的“天人合一论”更加精致、更有理论思辨的色彩了。

“二程”从以“天理”为核心的客观精神本体论出发，通过“物我合一”去论证天人合一。他们的这一思想集中表现在程颢的“识仁”的思想中。他说：

“学者须先识仁。仁者浑然与物同体，义、礼、知、信皆仁也。识得此理，以诚、敬存之而已，不须防检，不须穷索。若心懈则有防，心苟不懈，何防之有？理有未得，故须穷索，存久自明，安待穷索？此道与物无对，大不足以名之。天地之用，皆我之用，孟子言：‘万物皆备于我’。须反身而诚，乃为大乐。若反身未诚，则犹是二物有对，以己舍彼，终未有之，又安得乐？”（《二程遗书》卷二上）

程颢认为，世界万物是一个整体，它们之间有着休戚相关的内部联系。学道学的首先要明白这个道理，“识得此理”，进而是要实在的达到这种境界，即“浑然与物同体”，要真实地感到自己与物同体。这种境界叫做“仁”，达到这种境界的人叫做“仁人”或者“仁者”。所以“识得此理”之后，还要“以诚敬存之”就是集中精力，没有虚假，不分散精力，一心一意地注意于“浑然与物同体”这个道理就够了，不需要防守自己，也不需要再事追求，怕这个道理有错误，怕自己的行为有误了。体会到“浑然与物同体”，一切都在宇宙之中，没有什么在它之外，也就没有什么东西与之相对了，即“此道与物无对，大不足以名之”。既然“我”真实觉得“浑然与物同体”了，所以“天地之用，皆我之用”。孟子说：“万物皆备于我”。就是说的天地万物与“我”浑然一体的精神境界。如果真正达到这种境界，那就是最大的快乐，如果还没有达到这样的境界（“以己合彼，终未有之”）也就不能有快乐了。

可见，程颢通过“识仁”，取消人与物，主观与客观的差别，实现“天人合一”，实质是用主观涵盖客观，其目的是论证封建伦理是符合天理的。

“二程”进一步提出“性即是理”的人性论。他说：

“性即是理，理则自尧，舜至于涂人一也。才禀于气。气有清浊，禀其清者为贤，禀其浊者为愚。”（《二程遗书》卷十八）

所谓“性即是理”的命题，把人性问题已不止作为一个伦理问题，而是把它提到唯心主义的本体论的高度。他借用佛教关于佛性的理论，来论证封建伦理。他说：

"在天为命,在义为理,在人为性。主于身为心,其实一也。"(《二程遗书》卷十八)

同样一个"理"或"道",体现在"天"就叫做命,表示它有使万物不能违抗的权威;体现在封建伦理关系上,就叫做义;体现在人的品质方面,就叫做人性。封建伦理中的仁、义、礼、智、信都是人性所固有的,是"天理"在人性中的体现,所以是善的。"天理"体现在人的身体方面,叫做心,它使人有灵明知觉。这都是一回事,从而人和封建伦理在"天理"中统一起来。"二程"认为,人性既然是"天理"的体现,所以它应该是善的。所以有违反封建伦理规范的行为的恶,是由于为外物所累,由于思虑的发动,由于"情"的活动发生偏向的结果,也是气禀影响的结果。为了使人去恶从善,他提出了要化气质,要随时警惕情的变化,使感情活动完全符合封建道德规范。因此,他们提出了"存天理,去人欲"的说教。

"视、听、言、动非理不为,即是礼,礼即是理也。不是天理,便是私欲,人虽有意于为善,亦是非乱。无人欲即皆天理。"(《二程遗书》卷十五)

这里明确指出,封建社会的"礼"就是天理。不符合"礼"的就是人欲。可见他们和宗教一样,把人的身体看作是先天的、不可避免的私欲和罪恶的根源。这必然走向僧侣主义、禁欲主义。有人问程颐:

"有孤独的寡妇,家境贫穷,无依无托,可以再嫁否?"他回答道:"只是后世怕寒饿死,故有是说。然饿死事极小,失节事极大。"(《二程遗书》卷二十二)

在这里,我们看到"二程""饿死事极小,失节事极大"的卫道士宣言对封建伦理的忠诚和执行之坚决。它深刻地反映了"二程"哲学本质。他们自己的生活有所保障,过着衣食不愁的生活,当然不会知道挨饿的滋味是什么样的?

"二程"把人的欲望看成是罪恶,提出了"窒欲"求"敬"的修养方法。他们说:

"甚矣,欲之害人也。人不为善,欲诱之也。诱之而不知,则至于灭天理而不知反。故目则欲色,耳则欲声,鼻则欲香,口则欲味,体则欲安,此皆有以使之也。然则可以室其欲?曰思而已矣。觉莫要于思,唯思为能室欲。"(《二程粹言》卷二)

他们认为,只有"窒欲"即灭人欲,去掉一切欲望,才能恢复"天理",而要做到

“窒欲”,最好的方法就是用理性思维控制自己的情感,做到“敬”。他说:

> “学者不必远求,近取诸身,只明人理,敬而已矣。”(《二程遗书》卷十五)

又说:

> “涵养须用敬,进学则在致知”(同上)

按照他们的意思,“所谓敬者,主一之谓敬。所谓一者,无适之谓一。”(《二程遗书》卷十五)主一指心有所主,不稍微松散,“敬”即经常严肃地注意自己某种行为的心理状态。否则“一不敬则私欲万端生焉。害仁此为大”(《二程粹言》卷一)。人的私欲一产生,就要害仁,而背离天理了。

“二程”认为,道学是一种享受品,教人寻找一种更高的精神世界。只要达到这种高的精神世界的人,他本身所有的感觉就是“乐”。“乐”是道学给人的一种“受用”。孔子所说的“贤哉,回也! 一箪食,一瓢饮,在陋卷,人不堪其忧,回也不改其乐。贤哉,回也!”(《论语·雍也》)要想懂得道学或理学,就要“寻孔颜乐处,何乐何事?”谁从理论上回答了这个问题,谁就懂得了道学;谁从实践上回答了这问题,即实际感到了这种乐,谁就进入道学家所说的“圣域”。程颢大概已从实践上回答了这个问题。我们从程颢的诗中可以看到他感觉到“乐”。他有一首诗说:

> “闲来无事不从容,睡觉东窗日已红。
> 万物静观皆自得,四时佳兴与人同。
> 道通天地有形外,思入风云变态中。
> 富贵不淫贫贱乐,男儿到此自豪雄。”
> (《秋日偶成》《程氏文集》卷三)

其所以乐,在于与人间(“四时佳兴与人间”),与物同(“万物静观皆自得”),有了这种胸怀,对于世俗的富贵贫贱,以及一切得失,都不介意,由此而生出来的乐,就是“孔颜乐处”。达到他们所“乐”的这种精神状态,也就懂得了“识仁”的道理。也就懂得了道学或理学的真谛。沿着这种思维逻辑,我们就能明白为什么以二程、朱子为代表的理学家为什么那么强调读书、悟理的快乐感觉,也才能明白为什么中国文化的最高境界不是宗教,而是美学的道理了。

第二十章

《朱子语类》和闽学哲学

第一节　概说

闽学是指南宋理学家朱熹为代表的学派，因朱熹长期在福建崇安建阳讲学，故名。

朱熹小时候就埋头读儒家著作。八岁时读《孝经》，在书上写道："不若是，非人也。"当一群儿童在沙粒上嬉戏时，他却端端正正地坐在沙粒上用手指头画八卦。十来岁时，就攻读《孟子》、《大学》、《中庸》、《论语》，把成为"圣人"作为自己的奋斗目标。据说，当他读《孟子》读到"圣人与我同类者"一句时，高兴极了，从此决心争做圣人。在长期治学过程中，朱熹拜名师，勤发问，苦读书，逐步集宋代理学之大成。从哲学上看主要继承"二程"天理学说、人性论、格物论，同时又吸取张载气化思想，把它们加以综合发展。历史上有名的"鹅湖之争"能让我们得窥闽学思想的一斑。

淳熙二年(公元 175 年)四月，理学名家吕祖谦自浙江来访。他主张治经史以致用，尤其爱好《史记》，开启浙东功利学派的先声；同时他对程朱理学和陆九渊"心学"也有浓厚的兴趣。他到崇安后，住在朱熹家里，和朱熹共同研究探讨周敦颐、"二程"和张载的著作，选取语录六百二十二条，编为《近思录》十四卷，作为理学的入门书。

十天后，吕祖谦回浙江，朱熹送到信州鹅湖寺，并请抚州金溪的陆九渊、陆九龄等来会，共同讨论理学中的问题，这就是中国哲学史上有名的鹅湖之会。

吕祖谦企图通过学术讨论，相互交换意见，调和朱、陆两学派的分歧。结果不仅未能达到调和的目的，而且使他们两派之间的分歧更尖锐和明确了。

朱熹从理是客观精神的立场出发，主张"即物穷理"；而陆九渊则是从理是主观精神的立场主观出发，主张"发明本心"。据记载：

“鹅湖之会，论及教人，元晦之意，欲令人泛观博览，而后归之约；二陆之意，欲先发明人之本心，而后使之博览。朱以陆之教人为太简，陆以朱之教人为支离。此颇不合。”(《象山先生全集》卷三十六)

这次讨论会，结果不欢而散。此后，人们称朱熹为“理学”学派，陆氏兄弟的为“心学”学派。而广义上讲，二者代表的只是宋代理学的不同流派。

淳熙四年，作为理学之大成的代表作《论语集注》和《孟子集注》编成。他首先编成《论语集义》和《孟子集义》，然后按着理学观点取其“精粹”为“集注”；又把为什么这样取舍的道理或给学生有关的问答编为《论语或问》和《孟子或问》，同时还完成了《周易本义》和《诗集传》的撰写。《论语集注》和《孟子集注》的编成，标志着朱熹以客观精神为本体的理学哲学体系的建立。

第二节　“理一分殊”的闽学哲学

朱熹的哲学以孔、孟思想为主干，兼取佛、道，特别是禅宗、华严宗的学说，广泛“综罗”了董仲舒、王弼、韩愈、周敦颐、“二程”等儒学、理学先行者的思想材料，容纳了张载等具有经验论色彩理学家的部分观点，构成了一个集大成的体系。

朱熹哲学思想体系中的基本范畴是“理”，把“理”作为世界万事万物的本原。他说：

“天地之间，有理有气。理也者，形而上之道也，生物之本也。气也者，形而下之器也，生物之具也。是以人物之生，必禀此理，然后有性；必禀此气，然后有形。”(《文集・答黄道夫书》)

就是说，任何事物的生成，都有理有气。理是一物生成的根据和本原，是“生物之本”；气是一物生成的材料，是“生物之具”。气不是万物之源，是有形象可循的。所以朱熹称这个“生物之本”的“理”为“形而上之道”，是一个看不见的本体，称可以感觉到具体形体的“气”为“形而下之器”。

关于理和气的关系，朱熹也说得很明白。他说：“气之所聚，理即在焉，然理终为主。”(《文集・答王子合》)所谓理为主，也就是理主宰着气，气由理所制约。他认为，就具体的事物，它的理和气不能相离，没有选择的分别；如果溯本穷源，却应该说，有理然后有气。他说：“理气本无先后之可舍，然必欲推其所从来，则须说先有是理”(《语类》卷一)。可见，朱熹是以“理”为主来建立他的哲学体系的，是一个把世界本原和决定者归结为“理”这种客观精神的一元论著。

在“二程”的哲学中，也讲到气。程颐曾说：“离了阴阳更无道，所以阴阳者是道也。阴阳，气也。气是形而下者，道是形而上者。”(《二程遗书》卷十五)“气”在“二程”的哲学中还没有成为基本的哲学范畴，气与理的关系也没有规定的很明确。朱熹在建立自己的哲学体系时，把“二程”的“理”拿来作为世界的本原，而把哲学家张载作为世界本原的“气”按自己理学的逻辑要求理解成是受理主宰，为理服务的“形而下之器”。朱熹认为“理”是第一性的，气是第二性的，这样他就进一步发展了“二程”的思想，明确了“理”和“气”的关系，建立了唯心主义哲学体系。

朱熹接着论述了“一理”和“万理”的关系。他说：

> “万物皆有此理，理皆同出一源，但所居之位不同，则其理之用不一，如为君须仁，为臣须敬，为子须孝，为父须慈。物物各且此理，而物物各异其用，然莫非一理之流行也。”(《语类》卷十八)

这里所说的“一理”和“万理”的关系，就是所谓“理一分殊”的关系。朱熹用佛家“月印万川”的比喻来说明“一理”和“万理”的关系。他说：

> “释氏云，‘一月普现一切月，一切水月一月摄’，这是那释氏也窥见得这些道理。”(《语类》卷十八)

天上只有一个月亮，而在江河湖水之中都可以见到一个月亮。朱熹的“理一分殊”用华严宗的“一即一切”和禅宗的“一法遍合一切法”的神秘主义说法是一脉相承的。

朱熹认为，理普遍显现为一切事物，没有理也就不会有具体事物。他说：

> “如一所屋，只是一个道理，有厅有堂；如草木，只一个道理，有桃有李；如这众人，只是一个道理，有张三李四，李四不可以为张三，张三不可为李四。”(《语类》卷六)

他认为具体事物的不同，这只是理的分殊方面，但必须看到它们有一个共同的“理”。他把世界万物共同具有的“理”称为“太极”。他说：“总天地万物之理，便是太极。”(《语类》卷九十四)“太极”就是最根本的理，是“众理之全”。世界万事万物都体现了太极，分享着“太极”。这同佛教的“真如”、“佛性”是一样的，也可以说是“真如”、“佛性”在理学中的复制品。

由此可见，朱熹的理或太极，不仅是自然界的本原，而且是人类社会的本原。在朱熹的哲学体系中，它无所不包，不仅包括天地万物、山川草木之理，而且是中国封建社会的政治、法律、道德、文学、艺术的总原则。所以《宋元学案》的作者黄百家曾评价说,它是"致广大,极精细,综罗百代"。

在认识论上,朱熹提出了"格物致知"的认识论。他明确地区分了认识的主体与认识的对象的界限。他认为,认识的主体是人心的知,即"盖人心之灵,莫不有知"。认识的对象是事物的理,即"而天下之物,莫不有理"。认识的方法是"格物",认识的目的是"穷理"。认识必须通过格物才能达到穷理。朱熹说:"格物,是物物上穷甚至理。致在,是吾心无所不知。格物是零细说,致知是全体说。"(《语类》卷十五)

朱熹所说的"格物",就是穷尽事物之理。格是"尽"的意思,又是"至"的意思。他认为,只有把事物之理穷尽到十分了,才算格物,就像南剑州人到建宁去,必须走到郡厅上,才算是"至",如果走到边界上,就不能算是"至"。朱熹还把"格物"比做吃果子,去其皮,食其肉,咬其核,尝尝里头有什么滋味。在他看来,若不去皮壳固然不可,不咬破核,也不可以。因为核未破,就没有达到"极至"。这里,他讲的"吃",不是为了获得对客观事物的认识,而是为了穷尽先验的"理"。他还说:"如这一个物,四棱四角皆知得尽,前头更无去处,外面更无去处,方始是格到那物极处。"(《语类》卷十八)需要指出的是,朱熹所说的"物"不仅包括一切自然现象和社会现象,也包括一切心理现象和道德规范。他所讲的"格物"并不是去认识客观物质世界。

所谓"致知",就是推展,扩充自己的知识以至于极点。朱熹认为人都有知识,如儿童懂得爱父亲,长大了懂敬长兄等,但是这种知识只停留在大略的水平上,必须通过推展,达到知无不尽的极限。可见,朱熹认为"格物"是将事物之理穷究到极限。"致知"是将自己的知识扩展到极限。格物和致知的关系是"格物所以致知"。物是彼,知是我,二者相对,"格那物致吾之知。"(《语类》卷三十六)物理穷得一分,我之知即增加一分,朱熹把这种关系称为"主宾"关系。他说:

> "知者,吾心之知;理者,事物之理,以此知彼,自有主宾之辩。"(《文集》卷四十四)

在认识过程中,人是主体,事物是客体,即所谓"宾"。例如,人去认识山,人是主体,山是客体,这是不错的。朱熹提出"主宾之辩",也可以说是他对中国认识史上的贡献。不过,认识是主体对客体的反映,客体是构成主体认识内容的必要条件,没有客体,或者主体不去接触客体,人就不会有关于客体的任何知识。而朱熹则认为,物我一理,主体和客体本来是一致的,无差别的,人天赋地具备一切知识;所以要格物,乃是因为先天知识被蒙蔽了,必须通过格物去启发它、唤醒它。这就违背了反映论的原则，是一种先验的认识论。

朱熹认为，理是无所不在的。它既存在于外物，也存在于人心，它们都是太极的分别的完整的体现。前者朱熹比作是在外边的儿子，后者比作是在家的儿子。一次当有人对他的"从外去讨得来"的认识途径发生怀疑时，朱熹曾笑着说：

> "某常说人有两个儿子，一个在家，一个在外去干家事，其父却说道在家底是自家儿子，在外的不是！"

他认为，显然这种怀疑是不对的。所以在物的理和在人心的理都是理，就如在外边的儿子和在家的儿子都是儿子一样。人既可以向外去认识在物的理，也可以向内去认识在心之理。他说：

> "心包万理，万理具于一心，不能存得心，不能穷得理；不能穷得理，不能尽得心。"(《语类》卷九)

他认为作为客体的理，就在主体——心中，可见，"理学"和"心学"并无本质之分，只是方法上有差别罢了。

朱熹认为，认识的过程很像铜镜。他说，一面闪亮的镜子可以完整地照出人的形貌，但是，当它蒙受了污垢后，就失去照人的作用，必须磨去污垢，才能重新照人。人一生下来，就赋予了他"仁、义、礼、智"等道德观念，但由气禀的局限和物欲的蒙蔽，人的天赋观念就不能很好地发生作用了，这正像一面镜子蒙上污垢一样。"格物致知"的认识过程，就是去掉镜子上的污垢。朱熹在这里把认识论和封建的道德修养紧密地联系在一起。由此，朱熹提出："克人欲，存天理"的道德修养论。他说的"天理"就是仁、义、礼、智等封建伦理，就是君臣、父子、兄弟、夫妇、朋友等封建伦理关系。所谓"人欲"，就是人的耳、目、鼻、口、四肢之欲，如耳之于音乐，目之于美色，鼻之于芳香，口之于美味，四肢之于安佚等。朱熹认为，人性中有"天理"和"人欲"的对立。他发挥了"二程"的"无人欲，即皆天理"的思想，提出了"存天理，灭人欲"。他说："天理存则人欲亡，人欲胜则天理灭。"(《语类》卷十三)

和朱熹的"天理"、"人欲"相近似的概念，就是他的"道心"和"人心"。这源于伪《古文尚书》的《大禹谟》篇中的"人心惟危，道心惟微，惟精惟一，允执厥中"。意思是说，人心是危躁不安的，道心是隐微难见的，必须精细地察别并专一地保持道心，人的行为才能恰到好处，既无不足，也无过分，保持中庸。这十六个字，据说是舜传给禹的，因此又称为"十六字心传"。朱熹把它誉为"尧舜相传之道"，并从哲学上来论证它。

所谓道心、人心，并不是说人有两个心，而是指人的两种不同的思维活动。他说：

“人心亦只一个，知觉从饥食渴饮，便是人心；知觉从君臣父子处，便是道心。”(《语类》卷五十八)

“形骸上生的见识，便是人心；义理上起底见识，便是道心。”(同上)

他认为，每个人都兼有人心和道心。人心并不是全不好，而是存在着向邪恶的危险，所以必须使道心成为人心的主宰，控制和掌握人心，也就是要用封建伦理来控制人的物质欲望。因此他主张要“克人欲，存天理”。人只有认认真真、全力以赴地去消灭这个可恶的人欲，“克之，克之，而又克之！”只有这样，才能成为一个品德高尚的圣人。在这里，朱熹从形式上看到了道德是以克利为本质的，但在内容上又以佛教的禁欲主义为甚好，发展出了禁欲主义的道德至上论哲学。

在封建社会中，农民衣不能蔽体防寒，食不能果腹充饥，劳动人民为了生存，在两宋时多次暴发农民起义，北宋时有宋江、方腊、王小波、李顺等领导的起义。南宋时又暴发了钟相、杨么等领导的起义。朱熹认为，这些不符合君臣之道的造反行为都是“人欲”诱惑的结果。他曾多次把“人欲”比作“贼”。朱熹认为，寡妇改嫁也是“人欲”，属于“只是要窒”之列。传说，在宋以前，寡妇是可以改嫁的，唐朝时“公主改嫁”的事还可以写到文章中去。鲁迅说：“周末虽有殉葬，并非专用女人，嫁否也任便，并无什么制裁……由汉至唐也并没有鼓吹节烈。”(《我之节烈观》，《鲁迅全集》第1卷，第241页)然而，到了宋代，寡妇再嫁就认为是“人欲”、“只是要窒”之列了。

传说，朱熹在漳州时，要妇女们出门时，头上罩一块花帕，把脸遮住，仅留两个小孔看路，这就是后来所说的“朱文公兜”；住家门口要挂上竹编格帘，妇女不能走出格帘，也不能随便向外窥看，就是后来所谓的“朱文公帘”。除此之外，朱熹又大力提高“节烈”。据《漳州府志》记载，自宋至太平军入漳州之前，共有“烈女”四千四百九十八名。有所谓“节烈”、“节孝”、“节德”、“贞节”、“苦节”等等；有所谓“婆媳同孀”的，“三世苦节”、“五世节妇”、“四世五节妇”，还有“未嫁守寡至八十岁”的；也有“夫亡投井”的，“夫亡自缢”的，“绝粒”的等等。于是，在中国各地都有类似的事情，还出现了《烈女传》一类书籍，葬送了多少妇女的青春和生命。

可见，朱熹的哲学是维护封建专制统治的思想武器，清朝思想家戴震提出理学思想是“以理杀人”，较为深刻地提示了理学的思想本质。所以，我们在汲取宋明理学高扬人的道德主体性合理思想的同时，也要充分认识它的负面影响并加以哲学反思和批判。

第二十一章

陆九渊和"心学"哲学

第一节 "心学"简说

"心学"又称"陆学",是指以南宋陆九渊(公元1139—1193年)为代表的学派。陆九渊晚年居江西贵溪象山讲学,又号象山翁,后来学者多称为"象山先生"。故又称象山学派。

据《年谱》记载,陆九渊幼年时就与一般儿童不同,很爱思考问题,并富有怀疑精神,遇有不明白的问题必问。据说,四岁时,随父亲走路,"遇事物必致问"。"一日忽问:天地何所穷际?"他的父亲笑而不答,"遂深思至忘寝食"。他的父亲"呵之,遂姑置,而胸中之疑终在。"八岁时,"闻人诵伊川语,自觉若伤我者,亦尝谓人曰:'伊川之言,奚为与孔子、孟子之言不类'。"(《象山先生全集》卷三十三)陆九渊八岁时,就发现孔子讲天、讲仁,孟子讲心、讲性,而程颐讲理的哲学分野。这里我们看到,陆九渊小时候就不迷信权威,竟敢对当时的理学大师程颐的哲学思想提出怀疑,实在是很难得的。

由于他自幼好学,勤于思考,"一见便有疑,一疑便有觉","遇事逐物皆有省发",因此他的世界观形成的甚早。在十三岁的时候,他读古书,读至宇宙二字,解者曰:"四方上下曰宇,往古来今曰宇",忽大省曰:"元来无穷"。他从四岁时开始深思"天地何所穷际",到十三岁的时候,省悟宇宙无穷,这应是一个惊人的进步,陆九渊的理想、抱负是很大的,他决心要使自己成为大贤者。他说:

> "孟子没,吾道不得其传。而老氏之学始于周末,盛于汉,迨晋而衰矣。老氏衰而佛氏之学出焉;佛氏始于梁达磨,盛于唐,至今而衰矣。有大贤者出,吾道其矣夫。"(《语录》《象山先生全集》卷三十五)

他立志一生要继承孟子的学说,以"光吾道",使自己成为个大贤者。当时的理学家们为了取得学术的正统地位,都是讲"道统"的。他们宣称,中国历代"圣人"传道,有个前后相承的系统,但自孟子死,尧舜周孔之道便中绝了。他们都把自己一派的领袖人物捧为孔孟道统的继承人。唐代的韩愈曾自命为道统的继承者,程朱学派则把“二程”、朱熹推为道统的继承人。陆九渊另立山头,独树一帜,自然要否认他们的正统地位,而自命为道统的继承人。清代学者全祖望曾说,陆九渊“以不传之学为己任,以舍我其谁自居”。(《宋元学案》卷五十七)

陆九渊的学术也有其家学渊源。他共弟兄六人,四兄九韶,字子美,号梭山居士,著有《梭山日记》;五兄九龄,字子寿,当时学者称“复斋先生”,也有文集。他们都是当时的知名学者。陆九龄和九渊齐名,号称“江西二陆”,拟比“河南二程”。陆氏兄弟的学术思想基本相同,所以《宋元学案》说,“三陆子之学,梭山启之,复斋昌之,象山成之”(《宋元学案》卷五十七),九韶、九龄对陆九渊思想的形成有一定影响。

第二节 陆九渊“心学”哲学思想

陆九渊把禅宗和思孟学派主唯心主义思想结合起来,建筑了他的“心学”体系。

陆九渊和其他道学家一样,也谈“道”,谈“理”,但他认为“道”或“理”跟“心”是完全同等的概念。他说:

> “心,一心也;理,一理也。至当归一,精义无二,此心此理,实不容有二。”(《象山先生全集》卷一)

又说:

> “道,未有外乎其心者。自‘可欲之善’,至于‘大而化之圣,圣而不可知之神’,皆吾心也。心之所为,犹之能生之物,得黄钟大吕之气,能养之至于必达。使瓦石有所不能压,重屋有所不能蔽,则自有诸己。”(《象山先生全集》卷十九)

他认为“心即理”“心”与“理”完全合一,理是心的表现,不管天理、人理、物理,都只在人心中。他完全否认了“心”外的客观世界的存在;一切客体(世界万物)都存在于主体(人的精神)之中。据杨简《象山先山行状》记载:陆九渊十三岁,读到人们对“宇宙”二字的解释:“四方上下曰宇,往古来今曰宙”时,便忽然“大省”,“宇宙内事,乃己分内事;己分内事,乃宇宙内事”。意思是说,宇宙内的事,就是我自己分内的事;自己分内的事,就是宇宙的事。由此他得出结论:

"东海有圣人出焉,此心同也,此理同也;西海有圣人出焉,此心同也,此理同也;南海,北海有圣人出焉,此心同也,此理同也;千百世之下而圣人出焉,此心同也,此理同也。"(《象山先生行状》《全集》卷三十三)

东、南、西、北四海,即"宇",就是指四方空间;千百世之上、下,即"宙",就是指古今时空。宇宙之内,此心、此理是相同的。而他说的"理"不是客观的理,是不能离开圣人的主而存在的,所以说,"有圣人出焉,此心此理同也"。于是他得出结论"宇宙便是吾心,吾心便是宇宙"的结论(《全集》卷三十六)。而且他还认为,理唯自身也,是永无变化和发展的。在他的哲学思想中"心"被视作绝对本体的存在,并将心的主体能动性极度高扬。

在认识论上,他完全否定实践在生活中的意义和作用。他反对在客观事物中寻求知识,认识真理。他提出"立大","知本",主张以"发明本心"为认识目的和为学方法。他说:

"此心此理,我固有之,所谓'万物皆备于我'。昔之圣贤,先得我心之所固然者耳。"(《与侄孙璿书》)

他教人读书为学,必须先"尽我之心",否则不仅无益,反而有害;恢复了"本心",一切也就得到了。所以他提出"学苟知本,六经皆我注脚"(《语录》《象山先生全集》卷三十五)。

他认为"本心"就是真理,本心的自我认识,就是真理的自我认识;本心是至善的,本心的自我觉悟,就是道德的自我完成。他说:

"汝耳自聪,目自明,事父自能孝,事兄自能弟,本无欠阙,不必他求,在自立而已。"(《象山先生全集》)

他认为,本心的自我认识,也就是真理的自我发现。只要"切己自反",悟得本心,即可"心明","知理"。他轻视书本的知识,也否认实践经验的作用,主张要能够本心自立自存,最主要的功夫就是扫除外界的戕害。因而提出"存心去欲"的修养方法。他说:

"吾心之良,吾所固有也。吾所固有而不能以自保者,以其有以害之也……夫所以害吾心者何也?欲也。欲之多,则心之存者必寡;欲之寡,则心之存者必多。欲去,则心自存矣。"(《养心莫善寡欲》《象山先生全集》卷三十二)

又说：

> “古人教人，不过存心，养心，求放心。此心之良，人所固有，人惟不知保养，而反戕贼放失之耳。苟知其如此，而防闲戕贼放失之端，日夕保养灌溉，使之畅茂条达……则岂有艰难支离之事?”(《与舒西美书》)

他把良心与物欲对立起来，并从佛教那里学来以禁欲的方法解决这个矛盾，提倡用“存心”、“养心”、“求放心”的诉之于直觉的方法，使人追求所谓道德的完善。实际上，这种道德修养论也无法逃脱把封建伦理先验化，即说成是人人所固有的“本心”，并用“去欲”、“寡欲”的说教，要人们按照这种道德规则去“发明本心”，从而为统治者提供简单易行的统治理论和实践方法，这也是他认为朱熹的学说烦琐、支离的根据。而实际上，“理学”与“心学”在结论上是殊途同归，并无根本的矛盾。

第二十二章

《临川集》和王安石的变革哲学

第一节　概说

王安石(公元1021—1086年),字介甫,江西临川人,北宋时期的哲学家、政治家、思想家、文学家。

青年时代,王安石主要学习孔、孟等儒家经典,同时也看其他书籍,王安石学习兴趣广泛,可以说是"无所不读"、"无所不问"。在晚年时,王安石谈到自己的治学经验时说:"某自百家诸子之书,至于《难经》、《素问》、《本草》诸小说,无所不读;农夫、女工,无所不问。"(《答曾子固书》《临川集》卷七十三)

二十二岁王安石开始了仕官生活。三十八岁以前的十六年间,大部分时间任地方官。任地方官吏的实践,对他形成了变法的主张和哲学思想起了重要作用。

公元1067年,宋神宗即位,为了挽救危机,维护宋朝的统治,感到变革的必要,因而开始重用王安石。神宗即位第二年,就诏王安石"越次入对",先后任王安石为参知政事、同中书门下平章事。从熙宁二年(公元1069年)王安石执政起至熙宁九年第二次罢相,在这八年间,他一方面把自己的政治改革主张付诸实践,一方面为实行变法制造舆论。在变法的实践中,也发展了他的哲学思想。

为了推行变法,他首先设立制置三司条例司,作为支持变法的机构,接着"遣使诸路察农田水利赋税"(《王荆公年谱考略》)。经过短期的调查,开始颁布新法。

变法目的在于富国强兵,缓和矛盾。王安石制定了保甲法、免役法、方田均税法、农田水利法、均输法、青苗法和市易法等一系列新法,对限制大地主、大商人的兼并盘剥行为,发展生产、充实军备、增加政府收入等方面,起到了一定的作用,使社会的情况也比较稳定。

但是以司马光、韩琦、富弼、欧阳修等为代表的保守势力,反对变法。熙宁七年,他被迫辞去了宰相职务,退居江宁。虽然一年后神宗又起用了他,但是仅一年便又罢相。此后，王安石一直居住于江宁，写诗、读佛经、与高僧交游，从事著述，《三经新义》的修订和《学说》的写作等，都是这时完成的。公元1085年，宋神宗死，幼年的哲宗即位，高太后临朝听政。她支持旧党反对新法，不到一年新法均被废除。新法的失败，使王安石受到沉重的打击，于公元1086年去世。列宁称“王安石是中国十一世纪的改革家”(《列宁选集》第10卷，第152页)。

王安石的著作有《临川集》、《临川集拾遗》、《王文公文集》、《周官新义》残卷、《老子注》若干条。1949年后，中华书局出版了《临川先生文集》，上海人民出版社编印了《王文公文集》，其中《洪范传》、《易象论》、《礼论》、《礼乐论》、《性情》、《性说》、《太古》、《道德经注》等，比较集中地表现了他的哲学思想。

第二节　王安石的哲学思想

王安石的哲学是唯物主义自然观、朴素辩证法和进步历史观的结合。在自然观上，王安石最高的哲学范畴是“道”。他说：“道者，天也，万物之所自生，故为天下母。”(《老子注》)他认为“天”就是道，天和道是一个东西，是产生世界万物的本原。他认为“道”是一种在时空中无限存在的东西，而不是超时空的精神实体。他从“体用”、“本末”等方面，进一步论述“道”的特质性。他说：

“道有体有用；体者，元气之不动；用者，冲气运行于天地之间。”(《老子注》)

他认为“道”的本体是物质的元气，道之用，是冲气的运行，冲气是元气所生的。对道的认识历来存在着激烈的辩争。理学家程颢对“道”的解释与王安石的解释就截然不同，他指责王安石“说道时已与道离”。“只说道时，便不是道”。(《二程遗书》卷一)并且说今日“大患者，却是介甫之学”(《二程遗书》卷二)，把王安石的哲学，看作比佛、道的危害更大。

关于“道”产生万物的过程，王安石认为是由“道”(元气)分化为阴、阳，然后具体化为水、火、木、金、土，由这五种元素的变化形成万事万物。他说：

“五行，天之所以命万物者也，故‘初一曰五行。’”(《洪范传》)

又说：

“五行：一曰水，二曰火，三曰木，四曰金，五曰土。何也？五行也者，成变化而行鬼神，往来乎天地之间而不穷者也，是故谓之行。”(《洪

范传》)

五种元素在天地之间运动变化不已,构成了万物。他说:

“北方阴极而生寒,寒生水;南方阳极而生热,热生火,故水润而火炎,水下而火上。东方阳动以散而生风,风生木,木者阳中也,故能变,能变故曲直。西方阴止以收而生燥、燥生金,金者阴中也,故能化,能化故从革。中央阴阳交而生湿,湿生土,土者阴阳冲气之所生也。”(《洪范传》)

五行是阴、阳“冲气”所生,最后“五行”又养成具体事物。这就是“天”以“五行”命万物的过程,王安石把这个过程叫做“道立于两,成于三,变于五,则天地之数具”。(《洪范传》)

王安石从天道自然思想出发,对灾异迷信进行了针锋相对的批判。宋神宗时,“灾异数见”,反对王安石变革的保守派以此制造舆论,想使皇帝罢免他的官职、取消变法,说“旱由安石所致,去安石,天必雨”(《宋史·王安石传》)。对此,王安石给予坚决地驳斥。他说:“水旱常数,尧舜所不免”,“但当修人事以应之。”(《宋史·王安石传》)公元1075年10月有彗星出现,王安石上疏说:

“盖天道远,先王虽有官占,而所信者人事而已。天文之变无穷,上下传会,岂无偶合。”(《宋史·王安石传》)

主张自然现象,与人类社会生活毫不相干,应该相信人事,不应去迷信灾异,天人感应只不过是附会,就是猜对了,也是偶合,不足为信。他提出:

“天变不足畏,祖宗不足法,人言不足恤。”(《宋史·王安石传》)

这在具有“法先王”传统和宗教迷信盛行的封建社会里,王安石敢于大胆地提出“三不畏”,充分表现了王安石无神论思想。

同他的天人之分的自然观相联系,在认识论上他区别自然本能和后天学习的必要。他说:

“夫人莫不有视听思。目之能视,耳之能听,心之能思,皆天也;然视而使之明,听而使之聪,思而使之正,皆人也。”(《老子注》)

他认为,眼睛有视觉的能力,耳朵有听觉的能力,心有思维的能力,这都是自然的本能;但是,视能不能明,听能不能聪,思维能不能正确,那就靠人们后天的学习和锻炼了。他专门写了一篇《伤仲永》的文章,强调后天学习的重要性。

有一个聪明的孩子叫方仲永,五岁能指物做诗,闻名乡里,被称为"神童"。有的人要他做首诗,就给几个钱。他父亲就把孩子领到县里去,利用孩子做诗去挣钱,天长日久,方仲永没有得到及时的教育和学习,结果到十二、三岁时,做的诗就不如以前的好了,到了二十岁左右,就同一般人毫无区别了。

对此,王安石评论说:

"仲永之通悟,受之天也。其受之天也,贤于材人远矣,卒之为众人,则其受于人者不至也。彼其受之天也,如此其贤也,不受之人,且为众人。"(《临川集》卷七十一)

王安石用这个例子说明,即使一个人的天赋很高,如果不注意后天学习也只能是平平庸庸的人罢了。王安石承认有生来就与众不同的天才,但他并不认为先天的能力对人的认识起决定作用。他认为,起决定作用的是后天的学习,强调人的智愚是以习染环境的好坏为转移的,实际上他否定了孔子的"上智与下愚不移"的天才论。事实上,所谓天才无非是比较聪明些,主要是指后天通常学习而获得的知识和才能。人的真知只能从社会实践中来。马克思说:"搬运夫和哲学家之间的原始差别,要比家犬之间的差别小得多"。(《哲学的贫困》,《马克思恩格斯选集》第4卷,第160页)王安石也猜测到这一点。

王安石认为,自然天道是可以认识的。他说:

"可视而知,可听而思,自然之义也。"(《进字说表》)

"天下之事固有可思可为者;则岂可以不通其故哉。"(《致一论》)

"是故天之高也,日月星辰阴阳之气,可端策而数也;地至大也,山川丘陵万物之形,人之常产,可指籍而定也。"(《礼乐论》)

他认为,天地、日月、自然社会以及它们所以然的道理,都是本身所"固有",可以被思维认识的。认识就是人的感觉和思维,对可以认识的客观物质世界的反映。他主张要按照客观事物及其规律的本来面貌来进行认识。他说:

"身有身之道,故以身观身。家有家之道,故以家观家。以至于乡、国、天下。"(《道德真经集义》卷十二集十三引)

王安石的哲学思想中，包含着朴素的辩证法思想。他认为，世界上万事万物都处在不停的生灭变化之中，一切皆动、皆变，“尚变者天道也”。（《临川集》卷六十三）运动变化是自然界的最根本的性质，以此来为他变法的政治主张做理论上的论证。

他认为，运动不是简单的位置移动，运动是旧事物死亡、新事物诞生的新旧更替过程。他说：

“有阴有阳，新故相除者，天也。有处有辨，新故相除者，人也。”（《字说》）

王安石以改革家的姿态，热情地歌颂新生事物。在《元日》诗中说：

“爆竹声中一岁除，春风送暖入屠苏。千门万户曈曈日，总把新桃换旧符。”（《临川集》卷二十七）

王安石的哲学，在承认“天道尚变”、运动是“新故相除”的同时，对运动的原因也作了探讨。他认为事物运动的原因，不在于事物外部，而在于事物内部有“耦”有“对”。他说：

“盖五行之为物，其时、其位、其材、其气、其性、其形、其事、其情、其色、其声、其臭、其味，皆各有耦，推而散之，无所不通。一柔一刚，一晦一明，故有正有邪，有美有恶，有丑有好，有凶有吉，性命之理，道德之意皆在是矣。耦之中又有耦焉，而万物之变遂至于无穷。”（《洪范传》，《临川集》卷六十五）

王安石认为“五行”的一切方面都存在着对立，而且对立之中还有对立，正是这普遍存在着的对立，推动事物无穷地运动变化。关于对立面双方相互依存的统一，王安石也有所认识。他说：

“轻者必以重为依，躁者必以静为主。”（《老子注》）

“盖有无者，若东西之相反而不可以相无也。故非有则无以见无，而非无则无以出有。”（《老子注》）

他看到有无、乃至难易、长短、高下、音声、前后都是相对立而存在的，失去一方，另一方也就失去了存在的依据。

王安石从推行变法的实践中，体验到只有通过斗争才能前进。所以他说：“其相生也，所以相继也，其相克也，所以相治也。”（《洪范传》《临川集》卷六十五）他看到了对立面的相互斗争在推动事物发展中的作用。这在古代辩证法中是很少见的。

当然,王安石的辩证法是不彻底的。他承认有个寂然不动的宇宙本体,即“元气”。万物由“元气”产生,最后又复归于“元气”。所以他认为,静是比动更根本的。他说:“静为动之主”。(《老子注》)动而不知反于静,动就失去其主宰。静主宰着动,动是暂时的,相对的,而静却是永恒的、绝对的。在这里,王安石从辩证法开始,最终又走向形而上学机械论。

在社会历史观上,王安石反对“法先王”,即一切效法古代的复古主义。他认为人类社会历史是不断发展,不断前进的,历史上没有绝对完美的朝代。他指出人们推崇的“太古”夏、商、周三代也是有缺点的。他说:

> “太古之人不与禽兽明也几何。圣人恶之也,制作焉以别之。”(《太古》,《临川集》卷六十九)

太古时代是一个人与禽兽差不多的野蛮、愚昧的时代。又说:

> “夏之道岂不美哉,而殷人以为野,殷之道岂不美哉,而周人以为鬼。”(《三圣人》,《临川集》卷六十四)

可见,人们称为太平盛世的“三代”也都是有缺点的,不足以效法的。

王安石认为,历史发展的“势”是客观的,不依人的意志为转移的,人们只能审时度势,“视时势之可否”,来决定自己的行动,而不能违背它。因此,他认为不能照搬古人的“礼”和“法”,而应该根据时势的变化,制定新的礼法,才不至于害天下,并以此为其变法进行论证。

在历史观上,王安石也表现出较为严重的缺陷,他不了解生产在社会发展的决定作用;而把圣人的意志,看做是历史发展的最终动因,认为少数英雄人物创造历史。人所以与禽兽分开,是由于圣人教会人们用火、种田和狩猎,是圣人“制作”了人类历史。在他那里,人民群众是没有任何地位的;在他看来,人民群众越无知越好。他说:

> “夫德之被于民及其极也,则能使民无知无欲,唯知耕而食,蚕而衣而不知其所以然。”(《老子注》)

在这里,表现出来的是一种英雄史观。

王安石是北宋著名的政治改革家、哲学家和文学家。学界历来对王安石褒贬不一。王安石死后，曾“配享神宗庙庭，崇宁三年，又配食文宣王庙，列于颜、孟之次”(《宋史·王安石传》)，可是不久就被罢祀。此后的几百年间，王安石成了名教的罪人，甚至成了蔡京、贾似道一样的误国奸臣。直到近代资产阶级启蒙运动和改良主义运动的兴起，才又为王安石恢复了名誉。梁启超专门写了《王安石评传》，称他是三代之下唯一“完人”。

第六编

明清哲学论著及启蒙哲学发展

第二十三章

《船山遗书》和哲学启蒙

第一节 《船山遗书》简介

《船山遗书》是后人辑录的王夫之文集，其中《周易外传》、《张子正蒙注》、《尚书引义》、《思问录内外篇》是王夫之主要的哲学著作，从本体论、辩证法、认识论、历史观多个方面反映了王夫之的哲学思想。

王夫之在湖南瑶洞里著书立说，并有很大成就。王夫之留下著作一百多种，四百多卷，其中主要哲学、史学著作有《周易外传》、《尚书引义》、《诗广传》、《张子正蒙注》、《思问录》、《读四书大全说》、《老子衍》、《庄子通》、《黄书》、《春秋世论》、《续春秋左氏传博议》、《读通鉴论》、《宋论》等，其治学态度可和西欧哲学家费尔巴哈的孤处乡村著书立说并辉千秋。

王夫之去世前，曾自题墓石鉴定自己一生政治学术活动的宗旨是："抱刘越石之孤愤"来"希张横渠之正学"，即怀着刘琨（晋时爱国诗人）般的反民族压迫的政治情操，坚持张载的唯物哲学路线。这种哲学路线，使他能以批判的态度来对待以往的哲学，而这种对于学术传统的批判、发展是最可贵的。可以说，王夫之的学术研究，通百家之说，集众家之长，传注无遗，会通心理。他的方法是批判的，中国的传统学术大都通过他的思维活动有所发展，特别是对宋明理学的批判更具现实意义。所谓启蒙，就是启封建之蒙昧，而在当时，就是批判程朱陆王理学的流妄，从而达到思想启蒙的效果。这种哲学上的反思与批判，使王夫之的哲学著作中兼容并蓄、辩证否定。他不仅继承了王充《论衡》中的哲学思想、张载《正蒙》中的哲学思想，而且在批判《老子》、《庄子》乃至佛教世界观基础上又汲取二者的方法论。这种学术方法本身就有反对中古独断论的启蒙意义。

第二节　王夫之的哲学思想

王夫之在自然哲学上继承了张载气化论思想，提出“理依于气”的哲学命题，并运用当时的科学成果对理气关系条分缕析，并以道器关系为中介，将自然论哲学和认识论连接起来。

气之概念，在中国哲学中举足轻重，但一直没有一个较为明确的定义和说明。王夫之在注张载《正蒙》一书时，以“细蕴”给气新的解释，颇近于哲学上的“物质”范畴。

“天不听物之自然，是故絪蕴而化生。”(《思问录·内篇》)

“絪蕴太和，合于一气，而阴阳气体具于中矣。”

可见，细蕴是实在的，同时又是多种多样实在之物的抽象，他们合于气中，细蕴生化产生物质自身的运动。

王夫之对气从哲学意义上进行概括，规定出“细蕴不可象”气的最本质属性是客观实在性。无论是空虚的“太虚”，还是“细蕴不可象”的气之体，都是气的存在形式，都是永恒不灭的。

“人之所见者为太虚者，气也，非虚也。”

“虚空者，气之量。气弥沦天涯而希微不形。则人见虚空不见气。凡虚空，皆气也。”

王夫之所要表达的，既有物质的普遍性，客观实在性，也有“世界除了运动着的物质，什么也没有”的哲学道理。

在这个逻辑起点上，王夫之将理也置于气的统辖之下，明确打出反对“理本气末”的理学哲学的“理依于气”的旗帜，强调“气者，理之依也”(《思问录·内篇》)，“气外更无虚托孤立之理”。(《读四书大全说》卷十)

“气者，理之依也，气盛则理达，天积其健盛之气，故秩叙条理，精密变化而日新。”(《思问录·内篇》)

这就是说，理依于气，犹如思维依赖于存在。理不可能像程朱理学家所说的那样，独立于天地之外，而只能是“理在气中”。

“若其实则理在气中，气无非理，气在空中，空无非气。”

就是说,思维也不能离存在而独立。在“气外求理“就是一种认识的虚妄。再者,既然气可变,理就可变,理不是一个绝对不变的东西。

“理本非一成可执之物,不可得而见;气之条绪节文,乃理之可见者也。”

既然不能“气外求理”性理空谈,就应该在气的运动变化中认识它的必然性,由此王夫之哲学进入道器关系的认识论。

在认识论上,王夫之用道来标志事物共同本质,用器来标志个别、特殊的具体事物,并以对立统一的方式来处理二者的关系。

“统此一物,形而上者谓之道,形而下者谓之器,无非一阴一阳之和而成,尽器,则道在其中矣。”(《思问录·内篇》)

这是指二者不可分,道就寓于器中,认识器是认识道的必然途径。所谓“尽器则道无不贯,尽道所以审器。”(《思问录·内篇》)由于道是抽象的,反映事物共同本质的,所以“天下惟器”而已。而像程朱理学的“无其道则无其器”则显然是一种“原则在先”的先验论观点。正像“未有弓矢而无射道,未有车马而无御道”是一样的道理。王夫之的道器观,是对朱子“理一分珠”命题的反驳,可谓抓住了程朱理学的要害。

在发展观上,王夫之从太虚本动,得出“气化日新”的结论。所谓“荣枯代谢而弥见其新”(《张子正蒙注·大易》)并把此看作是宇宙的根本原则,以“内成”“散灭”来说明这是一个由量变到转化为实物的质变的过程。这种变化的结果是“推故而别致其新”,这样,整个宇宙才充满生气。而这种发展的原因,就在于事物内部对立面的相摩相荡,事物内部的矛盾性,是万物变化的源泉。所谓“天下之变万,而要归于两端”(《老子衍》)揭示的就是这个道理。

把这种发展贯彻到人类社会,所得出的结论自然是强调历史是进化发展的,即“今胜于古”,既然理是可以认识的,那么人类社会的规律也是可以认识的。从而摆脱历史神秘主义,为启蒙思想奠定了哲学基础。而这也正是他和黄、顾二人不同的地方,他是一位以哲学思想开启中国近代思维活动的启蒙哲学家。

第二十四章 《明夷待访录》和政治启蒙

第一节 《明夷待访录》简说

《明夷待访录》是启蒙思想的伟著。此书前于法国启蒙思想家卢梭《民约论》一个世纪，被称为东方的"人权宣言"，单从书名的含义，我们就能感觉到强烈的启蒙色彩。"明夷"本是《易经》中的一卦，象征沉沉大地下，隐伏光明火种，意指对一个美好社会的期待、评点。此书一出，同时代的顾炎武就赞誉有加，以为它"知……百王之敝可以复起"，可见它是那个时代精神的反映。而在清末维新运动时期，此书成了青年人的宝典，梁启超在《中国近三白年学术史》中说：

> "我们当学生时代，("明夷待访录")实为刺激青年最有力之兴奋剂，我自己的政治运动，可以说是受这部书的影响最早而最深。"

从思维方法角度来看，该书是一本历史哲学色彩极浓的著作。这一来是其作者黄宗羲(公元1610—1695年)学识渊博，对史学、经学、天文历法、数学、律吕、诗文、版术目录等学问，都有深入研究，尤其是哲学、史学造诣极深。从《明夷待访录》的思想渊源来看，虽然很多思想来自王阳明的心学，但已逾越心学的藩篱，而立足于"天崩地析"的社会，批判封建君主专制制度，在哲学上就是批判宋明理学的空疏不实、寻章摘句的学风。因为清初统治者厉行专制统治，又竭力恢复程朱理学的权威，所以，通过对宋明各家思想史的评判和对封建君主专制及封建法统的揭露，特别是对程朱理学为封建专制主义服务的化政治为道德，又化道德为政治的理论的否定，这是从哲学启蒙到政治启蒙的必然使命，而这正是黄宗羲要完成的思想任务。

第二节 反对君主专制政治哲学

我们说，杰出人物是历史任务的承担者，因为他们比一般人更具远见卓识。当黄宗羲在《原君》、《原法》中高喊出“为天下之大害者，君而已矣”，并要求以“天下之法代替封建专制主义的一家之法”时，从较为曲折的、较为远离经济基础的哲学启蒙思想变成极为清晰的政治批判和政治启蒙，而黄宗羲推根究“原”的前提性考察方法更显示出以哲学的方法对政治的批判反思。

从世界观上看，《明夷待访录》中并无大篇哲学章节论述，因为其集中闪现的是对现实批判的锋芒，而非一般理论的研究。但联系到《明儒学案》可知黄宗羲通过对宋明哲学批判总结表现出的依然是和王夫之、顾炎武“气外无理”、“理依于气”同样的观点，即坚持“器在斯道在，离器而道不可见”的道器观。虽然在心与物的关系上依然没有摆脱王阳明夸大心的作用的影响，但总体上依然强烈体现出富有批判精神的唯物论倾向，这一点，在黄宗羲的方法论体现得尤为突出。

从方法论上看，《明夷待访录》在清初应为视为近代思维方法的伟著。梁启超说：“凡启蒙时代之大学者，其造诣不必极精深，但常规定研究之范围，创革研究之方法，而以新锐之精神贯注之。”黄宗羲的方法论得益于他极精深的史学功底。《明儒学案》中对历史发展中的主要问题进行矛盾分析，并在这些问题的研究中，力主尊重史实，把握宗旨，清理学脉而又提倡创见。所谓：

> “学问之道，以各人自用得著者为真，凡依门傍户，依样葫芦者，非流俗之士，则经生之业也。此编所列，存一偏之见，有相反之论，学者于其不同处，正宜著眼理会，所谓一本而万殊也，以水济水，岂是学问。”《明儒学案·凡例》

这段话意指研究学问的人眼光应着眼于不同处，这样就可以看出哲学家们在相反相成、补偏求全的曲折发展过程中不断冒出新思想的火花。从而产生“一本”却“万殊”的各种创见，这从方法上否定了封建“大一统”在思想上也“定于一尊”的观点，批判了程朱理学唯圣人之说的做法。这种学术的批判性最为充分地体现在《明夷待访录》的社会历史观中。

从社会历史观上看，《明夷待访录》首先对社会历史观上的重要概念“君”、“臣”、“法”等进行推根究原的前提性考察，并以君为矛盾的一方面，用矛盾分析的方法，揭示君与臣、君与法、君与民之间的矛盾。黄宗羲以尊重史实，把握宗旨为前提，创造性地提出自己的根本观点。

第一，从历史分析和现实分析中，黄宗羲强调人性中的自私自利是一种客观的现实，而且肯定兆人百姓（人民）的自私自利的权利。其推理是：人人能遂其自私自利，即天下之大公。然而君主却不让人民自私自利自己的产业，反独自一人私“天下之产业”。故在《原君》中有一段极富震撼力的话。

“为人君者……以为天下利害之权皆出于我，我以天下之利尽归于己，以天下之害尽归于人，亦无不可。使天下之人不敢自私，不敢自利；以我之大私为天下之大公……视天下为莫大之产业，传之子孙，以享无穷。”“是以其未得之也，荼毒天下之肝脑，离散天下之子女，以博我一人之产业，曾不惨然，曰：‘我固为子孙创业也’。其既得之也，敲剥天下之骨髓，离散天下之子女，以奉我一人之淫乐，视为当然，曰：‘此我产业之花息也’。”（《原君》）

在《明夷待访录》和其他著作中，作为学者的黄宗羲都纵观历史，从历史和现实角度力陈君主专制主义的危害，公开指出：“为天下之大害者，君而已矣。”以君主专制为标志的封建官吏制度也是不符合人性的，不合理的，应该推翻的。

“向使无君，人各得自私也，人各得自利也。”（《原君》）

他认为，远古同后世的君民关系不同，具体表现在于：“古者以天下为主，君为客，凡君之所毕世而经营者，为天下也。今也以君为主，天下为客，凡天下之无地而得安宁者，为君也。”（《原君》）黄宗羲利用对原始公社的历史回忆，来抒发他对君主专制的现实抗议。他理想中的君主，是“以天下万民为事”，“其人之勤劳必千万于天下之人”，而不是人民的公敌。这种君民关系的新解释和主客地位的再颠倒，是对君贵民贱、“屈民伸君”的传统观念的大胆否定。这种否定，本质上已不同于孟子的“民为贵，社稷次之，而君为轻”的思想。这是对一个旧时代的诀别和对新时代的期望。正因为有这种本质的不同，《明夷待访录》才那么深入地研究和批判“封建之法”。

对封建专制的“法”，以往许多学者政客或以哲学，或以神学方式论证它的合理性。黄宗羲揭开了神学、哲学的外衣，一针见血地指出封建法权的特点在于维护封建等级特权，实质上是“一家之法”，在广大人民看来，都是“非法之法”。他写道：

“后之人主，既得天下，唯恐其祚命之不长也，子孙之不能保有也，思患于未然以为之法。然则其所谓法者，一家之法而非天下之法也。”（《原法》）

封建统治者常用“天理”、“王法”作为统治的思想武器，宣称人民服从封建“王法”是“天经地义”。黄宗羲深刻指出所谓“王法”，不过是保护封建统治者的既得利益的手段。他说：

“后世之法，藏天下之筐箧者也；利不欲其遗天下，福必欲其敛于上；用一人焉则疑其自私，而又用一人以制其私；行一事焉则虑其可欺，而又设一事以防其欺。天下之人共知其筐箧之所在，吾亦鳃鳃然日唯筐箧之是虞，故其法不得不密。法愈密而天下之乱即生于法之中，所谓非法之法也。”(《原法》)

意思是说“一家之法”企图把天下的“福利”垄断于“筐箧”之中，而天下之人则把仇恨集中于“筐箧”，于是法网愈密，疑惧愈多，祸乱愈深，治乱之法成为兴乱之因，统治者也从制法者变为制于法者，黄宗羲从统治者与被统治者的利益对抗看到了产生“非法之法”和“天下之乱”的社会根源。这一认识是比较深刻的。特别是黄宗羲并非单纯提出“天下之法”，并且在设计这种“天下之法”的框架，提出对君主专制制度的改革方案，其核心点就是限制君权。

他主张：

“必使治天下之具皆出于学校……天子之所是，未必是；天子之所非，未必非。天子亦遂不敢自为非、是，而公其非，是于学校。”(《学校》)

具体办法是：①由国家设立“太学”(类似议会)，有太学“祭酒”(类似议长)，天子应当受太学祭酒的监督。太学祭酒有权直接批评朝廷政事；郡县设立学校，有学官，郡县官吏应受学校监督，郡县学官有权“纠绳”直到驱逐郡县官吏。这种学校议政的主张，是对“庶民不议”的传统观念的否定。②天子也受“天下之法”之制约，而且国家具体管理由“贤人”(类似首相)来组阁负责，天子只作为国家象征即可。这个方法，和西方启蒙思想家的“君主立宪制”极为类似。

以上是《明夷待访录》政治启蒙的逻辑发展，虽然其以人性论的自私自利为前提有些抽象，但这种抽象所体现的恰恰是那个启蒙时代的精神。“在贵族支配着的时代，是荣誉、忠诚等等之概念；在资产阶级之支配其中，是自由、平等等等概念支配着。”(《马克思恩格斯选集》，《德意志意识形态》第72页)而为了争得这些，无论是东方启蒙思想还是西方启蒙思想，其落脚点都在法上。黄宗羲针对法进行哲学思考，并提出诸多极富思想的见解，是极难能可贵的。

第二十五章

《日知录》和方法论启蒙

第一节　《日知录》简说

《日知录》，顾名思义为"每日知"之义，所谓"日知其所无，月无忘其所能"，意思是知识是一个每日逐步积累的过程。在方法论上表现出来的是一种近代思维方式，与中古空虚独断的程朱陆王思想相对立。

关于《日知录》一书，其作者顾炎武(公元 1613—1682 年)在《初刻日知录自序》中说：

> "炎武所著《日知录》……历经六七年，老而益进，始悔向日之不博，见而不卓……渐次增改，得二十余卷，欲更刻之，而犹未敢自以为宝，故先以旧本质之同志。盖天下之理无穷……故昔日之得不足以为矜，后日之成不容以自限。"

《日知录》作者顾炎武，和王夫之、黄宗羲同历天崩地解、启蒙开物的时代，共同担负着思想启蒙的历史任务。如果说王夫之走的是哲学启蒙之路，那么顾炎武则是方法启蒙——根据实际来做"当世之务"的倡导，提倡经世致用之学。正如梁启超所说：

> "亭林一方面指斥纯主观的王学不是学问，一面指点出客观方面许多学问的途径来。于是学界空气一变，二三百年间跟着他所带的路走去，亭林在清代学术史所以有特殊地位在此。"(《中国近三百年学术史》56－57 页)

梁启超这一段话颇令我们想到被称为近代自然科学的始祖、英国经验论哲学家培根。培根正是以归纳法为"新工具"，开辟了一种新的、有益于自然科学的方法，从而奠定了自己的学术地位。对比而言，顾炎武最重要的治学方法最重要的地方即逻辑上的归纳法，而这也恰恰是程朱陆王的致命弱点和启蒙方法论的核心问题。

《日知录》能够成书，和顾炎武"实事求是"的归纳逻辑为核心的经验的哲学有必然联系，潘耒在《日知录》序上说：

"先生足迹半天下，所至交其贤豪长者，考其山川风俗疾苦利病，如指诸掌。"

可见他不独在书本上搜求证据，而且非常注重实地调查，以期获得事物本来面目的认识。

在此基础上，顾炎武实事求是的方法还讲究重直接材料，重广求证据，重辩源流，重事实，重思维概括，而这些足以让《日知录》成为启蒙思想的巨著。

第二节 《日知录》的启蒙方法论

顾炎武的世界观和王夫之相近，都强调"理依于气"。他对宋明理学中先理后气、上道下器的观点批判得尤为尖锐，在他看来，道不是一个不可认识的本体，而是在人类经验中可以认识的法则。他也谈心、性、理、命这些范畴，但他否定这些范畴的旧理解，而把它重新规定为可以经验的所谓实学，以所见所闻为准。天道性命也可以还原于人事日常经验了，而这种杰出观点的得出，亦不是凭空的，因为顾炎武认为得理的途径只有"验于事物"一途。而要"验于事物"首先要有理性认识，理论为指导，即先要"博学于文"，而后才能更好地"求验"。《四库全书提要》说：

"炎武学有本原，博赡而能通贯，每一事必详其始末，参以论佐，而后笔之于书，故引据浩繁而牴牾者少。"

由上段话可知，顾炎武并不是一个只凭经验的经验主义者，也重视理性认识，所谓"读万卷书，行万里路"就是这种求验方法的写照。这种方法论，比他的世界观更具进步意义，因为顾炎武的博学于文，并非复古，其目的之一是考证各类"文"的错误，目的之二是重在引古筹今，反对信古非今。由此可推出，"博文"的目的依然是"求验"，这才是顾炎武哲学方法论的重心。

验于事物的哲学含义是把事物作为检验的标准，其中的关键是不能对事物作狭窄的理解，从顾炎武的著作中，我们梳理出以下三条，来全面理解一下"验于事物"的具体含义。

第一，重视明古今之学。顾炎武特别是注重古今历史的演变，认为："人不通古今，马牛而襟裾，行身陷不义。"这种博通古今并以之来"明变"的学术态度，成就了顾炎武成为"综贯百家上下千载"的通儒(潘耒语)。

第二，实事求是，重在实践中验证。顾炎武不独在书本上搜集证据，并且注重实地考察，以期能获得一事物的真实面目，并把这种实地的调查方法看做是最基本的治学方法，而且在这种实地的调查中，也如"博文"一样，重直接材料，重广求证据，重存疑。

第三，"博文"、"验事"之目的，仍在经世致用。这种方法，仍只是一种手段和途径，其目的仍在经世致用。顾炎武撰写《日知录》的目的就是"明学术，正人心，拨乱世以当太平之事"。

综上可见，顾炎武的方法论是极具进步意义的。他的《日知录》书名及所用方法，不但显示出在方法论上的时代自觉，而且表明一种唯物的世界观和科学的精神。

顾炎武"博文"后的求验方法论，在社会历史观中体现的自然是一个启蒙思想家的气度。《日知录》来"知"社会历史自然也会有许多真知灼见。

从人性论上看，"博学于文"和"验于事物"得出的结论是：

> "司马迁作《史记·货殖列传》谓：自廊庙朝廷岩穴之士，无不归于富厚。等而下之，至于吏士，舞文弄法，刻章伪书，不避刀锯之诛者，没以赂遗。而仲长敖"覆性赋"谓：倮虫三百，人最为劣。爪牙皮毛，不足自卫；唯赖诈伪，迭相嚼齿。等而下之，至于台隶僮竖，唯盗唯窃。乃以今观之，则无官不赂遗，而人人皆吏士之为矣；无守不盗窃，而人人皆僮竖之为矣。自其束发读书之时，所以劝之者，不过所谓千钟粟、黄金屋。而一旦服官，即求其所大欲。君臣上下，怀利以相接，遂成风流，不可复制。"《日知录》卷十三《名教》)

顾炎武这种思想，和亚当·斯密观点极为类似。他和亚当·斯密一样，自信人类的自私自为，是合理社会的产业行为。只要田畴仓廪有保障，人民即效死不去，人民富有则国亦富有。他说：

> "今天下之患，莫大乎贫。用吾之说，则五年而小康，十年而大富。且以马言之：天下驿递往来以及州县上计京师，白事司府，迎候上官，递送文书，及庶人在官所用之马，一岁无虑百万匹，其行无虑万万里。今

则十减六七，而西北之马赢不可胜用矣。以文册言之：一事必报数衙门，往复驳勘必数次，以及迎侯生辰拜贺之用，其纸料之费率诸民者，岁不下巨万。今则十减七八，而乐南之竹箭不可胜用矣。他物之称是者不可悉数。且使为令者得以省耕欲，教树畜，而田功之穗，果蔬之收，六畜之孳，材木之茂，五年之中必当倍益。从是而山泽之利亦可开也。夫采矿之役，自元以前岁以为常，先朝所以闭之而不发者，以其召乱也。譬之有窖金焉，发于五达之衢，则市人聚而争之，发于堂室之内则唯主人有之，门外者不得而争也。今有矿焉，天子开之，是发金于五达之衢也；县令开之，是发金于堂室之内也。利尽山泽而不取诸民，故曰，此富国之策也。”（《亭林文集》卷一“郡县论”六）

初期市民阶级的学者有一个基本特色，即把未来社会的人类生活原则，假定做人类性的自然法则。王夫之虽然有“性日生”的存存不息的人性论，但到了具体的问题，却把自私心强调出来。顾炎武在这一点上更为明白，他认为自私心为常情，只要合理节制，使人的自私自利之心得到合理的体现和满足，并使人从长远角度考虑自己的利益，则民富、国富，则平等、自由、个性解放，所以，顾炎武之观点，本质上企图说明个人的解放，以反对中古的灭欲说。他说：

“天下之人各怀其家，各私其子，其常情也。为天子为百姓之心，必不如其自为……圣人者，因而用之，用天下之私，以成一人之公。”（同上“郡县论”五）

我们不要以为这一自私自为即社会福利的命题是幼稚的，要知道这是古老封建社会的反命题，历史主义地看来，它是进步的市民思想。所谓自私自为，在产业活动上而言，反对了超经济的特权。“每一个新的前进步骤，都必然是对于某一神圣事物的凌辱，是对于旧的、衰颓的、但为习惯所崇奉的秩序之叛乱。”（《马克思恩格斯选集》，《费尔巴哈与德国古典哲学的终结》第 39 页）一切近代启蒙学者都在自私自为的意义之下呼号，顾炎武也不例外。顾炎武与清初哲人相同，都有程度不等的近代思想，都富有民主主义的启蒙精神。他的经世之学，正所以经 17 世纪“自身以至家国天下”之所当务。他说：

“有亡国，有亡天下，亡国与亡天下奚辨？曰，易姓改号，谓之亡国。仁义充塞，而至于率食人，人将相食，谓之亡天下。……是故知保天下，然后知保其国。保国者，其君其臣肉食者谋之。保天下者，匹夫之贱，

与有卖焉耳焉。”(《日知录》卷十三“正如”条)

处于“天崩地解”的时代，当然会对国家问题极为敏感，顾炎武认为，亡国、亡天下，皆由社会风俗改变而至，但他对亡国、亡天下的概念做了区分，亡国只是朝代更替，但亡天下则严重得多。

他说：“天下无不可变之风俗。”风俗是指社会图景。《日知录》“廉耻”条：“风欲者天下之大事。”那么，天下也就没有不可变的社会历史，这是17世纪的哲人对于封建社会灭亡的预感。他说：

“法不变不可以救。今已居不得不变之势，而犹为其变之实而姑守其不变之名，必至弊。”(《亭林文集》卷六“军制论”)

“封建之废非一日之故也，虽圣人起亦将变而为郡县。方今群县之弊已极，而无圣人出焉，尚一一仍其故事。此民生之所以日贫，中国之所以日弱而益趋于乱也。”(同上卷一“郡县论”)

这里所讲的“封建”和“郡县”的名词是表面的，其主要的意义在于指出了旧社会的灭亡都有迹象可征，其道理也是他的风俗论进一步的变革理论，这与王夫之“天下亦变矣”的命题是同一精神，应视为是启蒙思想家哲学命题的具体表现。

他所谓一切“自正风俗始”，即社会制度的改革应从风俗作起，而这也就需要匹夫做起，即“天下兴亡，匹夫有责”。他对朝代兴亡的关心是表面的。他以舆论为风俗的关键，我们从这里研究他的社会图景，原来含有近代人憧憬着的“自由”的内容。因为他的风俗论总是从平民活动与生活，即他所说家同天下人民生活为对象，以能否满足他们人性所望来解释天下、国家之兴衰。而这种结论，既是他博学以文以史为鉴的结果，更是他验于事物、考察民情调研出来的结论。毛泽东的哲学思想受王夫之和顾炎武影响极大，这也可从一方面证明他的方法论的价值。

主要参考文献

［1］ 鲁迅全集[M].北京:人民文学出版社,1973.

［2］ 马克思恩格斯选集[M].北京:人民出版社,2008.

［3］ 郭沫若.中国古代社会研究[M].石家庄:河北教育出版社,2002.

［4］ 任继愈.中国哲学史[M].北京:人民出版社,2006.

［5］ 列宁选集[M].北京:人民出版社,1995.

［6］ 梁启超.中国近三百年学术史[M].天津古籍出版社,2003.